JN081601

連結精算表から理解する連結会計入門

公認会計士　公認会計士

吉田 剛・植野和宏　著

YOSHIDA Takeshi　UENO Kazuhiro

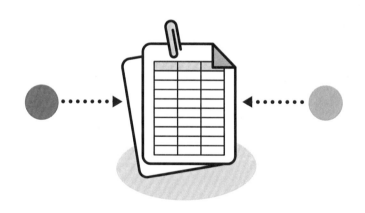

中央経済社

はしがき

　上場会社では，いまや85％を超える企業が連結財務諸表を作成しており，日本の開示制度も連結財務諸表が中心になっています。上場を目指すような企業が成長過程に乗る前後で，子会社を設立し，または外部から企業を買収して連結グループを構成すると，経営管理上，そして制度上，連結財務諸表の作成が課題となってきます。

　他方，個々人の面から見てみると，経理部門に配属され，決算（主計）業務を担当することとなった場合，通常は個別決算（親会社または子会社）から経験を積むケースが多いと思われます。そして，しばらく後に，連結決算にアサインされることがあるかと思われますが，個別の決算とは毛色の違う連結財務諸表の作成に戸惑いを覚える人も多いのではないでしょうか。

　本書は，こういった連結財務諸表を初めて作成する企業，そして，連結財務諸表の作成に初めて携わる方々に向けて書かれた連結財務諸表の入門実務書です。「入門」と銘打ちながら，「実務書」という看板も掲げていますが，連結決算の基礎の部分を，その趣旨や仕組み，基本的な取引の考え方などを図表も多く交えて解説しており，是非とも実務に携わる皆さんに手に取っていただきたいと考えています。

　特に，連結財務諸表の作成における「メカニズム」を頭に沁みこませるには，「連結精算表」の仕組みを理解することが重要です。エクセルのような表計算ソフトを使って連結決算を行う場合，および連結決算用のソフトを使って連結財務諸表を作成する場合のいずれにおいても，連結決算の基本は連結精算表の仕組みの理解にあると考えています。本書では，各章において，基本的な取引と会計処理の関係を「パターン」として図解で示し，基礎となる取引の連結決算上の取扱いを解説しています。その上で，パターンを踏まえた連結精算表作成の流れを「設例」として詳述することで，実務に直結する内容に仕上げています。連結決算は「理屈（ロジック）」で整理することができるものですが，ともすると苦手意識を持ってしまうケースがあるのも事実です。本書で連結決算の基礎を固めていただいて，さらに複雑な，高度な処理へとステップアップして

いただけると，本書を執筆した者として望外の喜びです。

　本書の執筆に際しては，著者両名が監査法人の若手時代に，ともに連結決算の監査で悩み，苦しんだ平川浩光さんにレビューをお願いしました。お忙しいなか，時間を取っていただき，貴重なご意見を賜りました。ここに記して御礼申し上げたいと思います。

　最後になりますが，初期の段階より本書の企画・編集に多大なるご尽力をいただきました中央経済社会計編集部編集長の末永芳奈さんに，心より御礼申し上げます。

　2020年7月

吉田　　剛
植野　和宏

目　次

第Ⅰ部　連結会計の仕組み

第1章　連結会計（連結財務諸表）の概要 　　*2*

第2章　取引高および債権と債務の相殺消去　*28*

第3章　未実現損益の消去 62

第5章　個別財務諸表の修正　*153*

┃第6章　# その他の論点　*158*

第7章　税効果会計　*219*

凡例

正式名称	略称
「外貨建取引等会計処理基準」	外貨建会計基準
「税効果会計に係る会計基準」	税効果会計基準
企業会計基準第10号「金融商品に関する会計基準」	金融商品会計基準
企業会計基準第16号「持分法に関する会計基準」	持分法会計基準
企業会計基準第21号「企業結合に関する会計基準」	企業結合会計基準
企業会計基準第22号「連結財務諸表に関する会計基準」	連結会計基準
企業会計基準第25号「包括利益の表示に関する会計基準」	包括利益会計基準
企業会計基準適用指針第9号「株主資本等変動計算書に関する会計基準の適用指針」	株主資本等変動計算書適用指針
企業会計基準適用指針第10号「企業結合会計基準及び事業分離等会計基準に関する適用指針」	企業結合適用指針
企業会計基準適用指針第22号「連結財務諸表における子会社及び関連会社の範囲の決定に関する適用指針」	連結範囲適用指針
企業会計基準適用指針第26号「繰延税金資産の回収可能性に関する適用指針」	回収可能性適用指針
企業会計基準適用指針第28号「税効果会計に係る会計基準の適用指針」	税効果適用指針
実務対応報告第18号「連結財務諸表作成における在外子会社等の会計処理に関する当面の取扱い」	実務対応報告第18号
実務対応報告第24号「持分法適用関連会社の会計処理に関する当面の取扱い」	実務対応報告第24号
会計制度委員会報告第4号「外貨建取引等の会計処理に関する実務指針」	外貨建実務指針
会計制度委員会報告第7号「連結財務諸表における資本連結手続に関する実務指針」	資本連結実務指針
会計制度委員会報告第8号「連結財務諸表等におけるキャッシュ・フロー計算書の作成に関する実務指針」	キャッシュ・フロー実務指針
会計制度委員会報告第9号「持分法会計に関する実務指針」	持分法実務指針
会計制度委員会報告第14号「金融商品会計に関する実務指針」	金融商品実務指針
監査・保証実務委員会実務指針第52号「連結の範囲及び持分法の適用範囲に関する重要性の原則の適用等に係る監査上の取扱い」	連結範囲取扱い
監査・保証実務委員会実務指針第56号「親子会社間の会計処理の統一に関する監査上の取扱い」	会計処理統一取扱い
監査・保証実務委員会実務指針第87号「「親子会社間の会計処理の統一に関する監査上の取扱い」に関するQ&A」	会計処理統一取扱いQ&A
連結財務諸表の用語，様式及び作成方法に関する規則	連結財務諸表規則
「連結財務諸表の用語，様式及び作成方法に関する規則」の取扱いに関する留意事項について（連結財務諸表規則ガイドライン）	連結財規ガイドライン
財務諸表等の用語，様式及び作成方法に関する規則	財務諸表等規則
「財務諸表等の用語，様式及び作成方法に関する規則」の取扱いに関する留意事項について（財務諸表等規則ガイドライン）	財規ガイドライン

連結精算表の全体像

項目	勘定コード	精算表勘定科目	親会社 P社	子会社 A社	単純合算表	個別修正仕訳 開始仕訳(個別修正)	損益調整仕訳	期ズレ調整仕訳 未達取引	組替仕訳	その他	個別修正仕訳合計	個別修正仕訳後合算表
連結B/S		流動資産										
		流動資産合計										
		有形固定資産										
		有形固定資産合計										
		無形固定資産										
		無形固定資産合計										
		投資その他の資産										
		投資その他の資産合計										
		固定資産合計										
		繰延資産										
		資産合計										
		流動負債										
		流動負債合計										
		固定負債										
		固定負債合計										
		負債合計										
		資本金										
		資本剰余金										
		利益剰余金										
		自己株式										
		株主資本合計										
		その他の包括利益累計額										
		その他の包括利益累計額合計										
		新株予約権										
		非支配株主持分										
		評価差額(個別修正用)										
		純資産合計										
		負債純資産合計										
連結P/L		売上高										
		売上原価										
		売上総利益										
		販売費及び一般管理費										
		販売費及び一般管理費合計										
		営業利益										
		営業外収益										
		営業外収益合計										
		営業外費用										
		営業外費用合計										
		経常利益										
		特別利益										
		特別利益合計										
		特別損失										
		特別損失合計										
		税金等調整前当期純利益										
		法人税、住民税及び事業税										
		法人税等調整額										
		法人税等合計										
		当期純利益(P/L)										
		非支配株主に帰属する当期純利益										
		親会社株主に帰属する当期純利益										
連結S/E		資本金期首残高										
		(中略)										
		株主資本期末残高										

第Ⅰ部第6章2 外貨換算(在外子会社の場合)

第Ⅰ部第5章 個別財務諸表の修正

連結修正仕訳													連結修正仕訳合計	連結精算表合計
資本連結関係				債権債務・取引、未実現関係				持分法関係		税効果関係		連結組替その他		
開始仕訳(資本連結)	投資資本相殺	のれん/償却・利益按分・配当金相殺	評価・換算差額等	開始仕訳(未実現等)	債権債務相殺消去	取引相殺消去	未実現損益調整	開始仕訳(持分法)	その他持分法仕訳	開始仕訳(税効果)	その他税効果仕訳			

第Ⅰ部第4章 資本連結

第Ⅰ部第2章 取引高および債権と債務の相殺消去

第Ⅰ部第3章 未実現損益の消去

第Ⅰ部第6章 持分法会計

第Ⅰ部第7章 税効果会計

連結会計の仕組み

連結会計（連結財務諸表）の概要

1 連結財務諸表の目的と必要性

　連結財務諸表とは，支配従属関係にある2つ以上の企業からなる企業集団を単一の組織体とみなして，親会社が当該企業集団の財政状態，経営成績およびキャッシュ・フローの状況を総合的に報告するために作成するものであるとされています（連結会計基準1項）。

　ここではまず，上記定義における重要なキーワードを図表Ⅰ－1－1で確認しておきましょう（順番は，用語の理解のために，上記定義から入れ替えている箇所があります。）。

図表Ⅰ－1－1　　連結財務諸表の定義内の用語の確認

用　語	意味・趣旨
親会社	連結財務諸表を作成する主体。他の会社を「支配」している企業であり，支配されている会社を「子会社」という。
企業	会社以外にも会社に準ずる事業体を含み，一般的な株式会社以外にも，合同会社や各種組合，さらには信託なども連結の対象となることがある。
支配従属関係	親会社および子会社の間に成立している「支配している」，「支配されている」という関係を指す。一般的には，議決権の過半数を保有することで「支配」しているとされる。
企業集団	親会社および子会社から構成される。企業集団の各社を指して「連結会社」ともいう。
財政状態	連結貸借対照表で示される企業集団の財産の状況をいう。
経営成績	連結損益計算書で示される企業集団の損益の状況をいう。

キャッシュ・フローの状況	連結キャッシュ・フロー計算書で示されるキャッシュ・フロー（資金の流れ）の状況をいう。

　すなわち，連結財務諸表とは，投資家や株主などの要請に応えて，親会社が当該企業グループ全体の成績表として作成する計算書，ともいえます。

　わが国では，第二次世界大戦後に株式市場の整備が行われた後でも，上場企業であってもその財務諸表は個別財務諸表を中心にその開示制度が構築されてきました。その後，数次の改訂を経て，今や連結財務諸表中心の開示実務が当たり前となっていますが，その過程で語られてきた連結財務諸表作成の必要性としては，以下の2つが主として挙げられます。

---

(1)　グループ連結経営の進展

　現在の企業経営は，親会社のみで行われているケースは稀で，企業戦略上の目的で子会社を含めて企業グループを形成し，当該グループが一体となって厳しい競争に立ち向かっている。近年では，法規制の緩和も受けて，持株会社方式を採用するケースも増えており，また，単一事業ではなく，子会社を有効に用いた多角化を志向する企業もある。こういった企業経営の現状を適切に反映し，また，適切な意思決定を行うツールとして，連結ベースでの財務諸表を作成することは不可欠となっている。

(2)　個別財務諸表の限界

　個別財務諸表においては，以下のような取引の実態を適切に財務諸表に反映できず，投資家の判断を誤らせる可能性がある。

- 親会社が子会社へ含み益のある資産を売却し，多額の売却益を計上したとしても，企業グループとしては含み益が実現していないケース
- 親会社が製造した製品を販売子会社に売却したが，企業グループ外部へはいまだ販売されていないようなケース
- 子会社で利益が計上されたり，子会社から配当を受け取ったりしても，個別財務諸表上の子会社株式は取得原価のまま据え置かれることとされており，子会社での業績が適時に財務諸表に反映されないようなケース

　これらのような限界を打ち破るために，連結財務諸表の作成が必要であるといわれる。

---

2 連結財務諸表の体系

　前記「1　連結財務諸表の目的と必要性」に記載したような目的（必要性）

を満たすために，現在のわが国の企業開示制度は，連結財務諸表中心となっています。すなわち，自社のみで事業を営んでいる（子会社が存在しない）ケースを除いては，連結財務諸表を作成する必要があります。ただし，連結財務諸表の作成が制度上で必須とされるのは，上場企業を中心とする金融商品取引法の開示規制を受ける会社（新規上場企業の上場時も含みます。）に限られ，これら以外の会社は，法令上，連結財務諸表の作成は求められていません。

さて，金融商品取引法の規定に基づいて作成される連結財務諸表ですが，以下の計算書で構成されます（連結財務諸表規則1条1項）。

- 連結貸借対照表
- 連結損益計算書
- 連結包括利益計算書[1]
- 連結株主資本等変動計算書
- 連結キャッシュ・フロー計算書
- 注記

---

(1) 連結貸借対照表

前記図表Ⅰ-1-1でも簡単に説明しましたが，企業集団の財政状態を示す計算書です。

作成方法の概要ですが，親会社および子会社の個別貸借対照表を合算した上で，必要な相殺消去や調整を行うことで作成されます。主要な相殺消去・調整としては以下のようなものが挙げられます。

- 債権・債務の相殺消去
  例えば，親会社の子会社向けの売掛金は企業集団内の債権であるため，対応する子会社の買掛金と相殺消去される。
- 投資と資本の相殺消去
  親会社の子会社に対する投資（子会社株式）と子会社の対応する株主資本（投資時の資本金など）は，企業集団内の投資関係であるため相殺消去される。

---

1 連結損益計算書と一体となった「連結損益及び包括利益計算書」として作成することも可能とされています。

- 未実現利益の消去
  企業集団内での棚卸資産や固定資産の売買により生じた利益は，企業集団としてはいまだ実現していないものであり，対応する資産に含まれる内部利益を消去する。

⑵　連結損益計算書

同じく前記図表Ⅰ－1－1で簡単に説明していますが，企業集団の経営成績を示す計算書です。

作成方法の概要ですが，親会社および子会社の個別損益計算書を合算した上で，必要な相殺消去や調整を施すことで作成される点は，連結貸借対照表の作成方法とほぼ同じです。主要な相殺消去・調整としては以下のようなものが挙げられます。

- 取引の相殺消去
  例えば，親会社の子会社向けの売上などは企業集団内の取引であるため，対応する子会社の仕入（売上原価）と相殺消去される。
- 未実現利益の消去
  前記「(1)　連結貸借対照表」参照

⑶　その他の計算書等

①　連結包括利益計算書

比較的歴史の浅い計算書で，連結損益計算書上の当期純利益から包括利益（増資や配当などの資本取引以外の純資産の変動）への調整過程を示す計算書です。具体的には，当期純利益には含まれないものの，包括利益に含まれる，時価のある投資有価証券の含み損益の変動や，外国に所在する子会社における為替変動の影響（為替換算調整勘定の変動）が含まれます。

②　連結株主資本等変動計算書

連結貸借対照表の右下に示されている純資産の動きを表す計算書です。

③ 連結キャッシュ・フロー計算書

連結グループの資金の動きを活動別（営業，投資，財務の別）に表示する計算書で，20年ほど前に，諸外国の制度に合わせるために導入されています。

連結貸借対照表や連結損益計算書のように，各社の個別キャッシュ・フロー計算書を合算して，必要な調整項目を反映して作成する方法が原則です。ただし，貸借対照表や損益計算書のように会社法の規定に基づく法定の決算書として必ず作成されているものではないことから，連結貸借対照表の増減などをベースとして，簡便的に作成する方法が認められている点が特徴です。

④ 注 記

連結財務諸表では，ここまで解説した各計算書以外に，多くの注記が求められる点も特徴的です。本書ではその詳細は省きますが，実務的には，子会社から必要な情報を入手して，注記項目を適切に作成する点にかなりの負荷がかかるのも事実です。

3 連結財務諸表作成における一般原則

本項では，会計基準において定められている連結財務諸表を作成する際に守ることが求められる「一般原則」について解説していきます。

これらは基本的なルールであるため，実務において常に意識するようなものではないかもしれませんが，経理業務における基礎的な知識として，頭の片隅に入れておくとよいでしょう。その意味では，日常生活で常に使うものではないけれど，さまざまな法律のベースになっている「憲法」と同じような位置づけといえます。

(1) 真実性の原則

連結財務諸表は，「企業集団の財政状態，経営成績及びキャッシュ・フローの状況に関して真実な報告を提供するものでなければならない」とされています（連結会計基準9項）。この「真実性の原則」は，実は連結財務諸表に固有の原則ではなく，個別財務諸表において適用される企業会計原則にも同様の原則が設けられています（企業会計原則第一 一参照）。

　会計基準においては，会計処理を行う上での具体的なルールが決められていますが，すべてのケースを想定した定めを置くことはできません。このため，この真実性の原則によって，（連結）財務諸表が「正しく」作られることが担保されているのです。

　なお，「正しい」財務諸表には，企業または企業集団の財政状態，経営成績などを1円まで正確に描写する必要があるのでしょうか。答えは「No」です。財務諸表は社会的に要請される制度であって，費用対効果も勘案しつつ，その仕組みが運用されていきます。このとき，財務諸表の利用者（投資家や株主など）の意思決定に影響を及ぼさない範囲において，正確性の追求が緩和されており，これを「重要性の原則」（連結会計基準（注1），企業会計原則注解（注1））といいます。

　連結財務諸表においては，具体的に，重要性のない子会社を連結の範囲から除外したり，親子会社間で重要性のない会計方針について統一をしなかったりすることが，この重要性の原則の適用例として挙げられます。

⑵　個別財務諸表基準性の原則

　この原則は，連結財務諸表固有の原則です。具体的な内容としては，連結財務諸表は，親会社および各子会社の個別財務諸表を基礎として作成されるべき，というものであって（連結会計基準10項），まずは各社の個別財務諸表が適正に作成されていることが求められるわけです。

　したがって，連結財務諸表を作成するにあたって，各子会社の個別財務諸表が適正に作成されていない場合には，まず，各社の個別財務諸表が個別決算の段階において適切に作成される必要があります。実際に，子会社において会計監査人の会計監査を受けていないなどの理由で，個別決算上にて適切に決算が行われていないような場合，連結決算手続の一環として，親会社での連結決算手続の中で当該子会社の決算が修正される必要があります（連結会計基準（注2））。会計基準で掲げられている項目を含めて，具体的に以下のような項目が修正の対象となると思われます。

- 減価償却の過不足
- 資産や負債の過大または過小計上（引当金の引当不足や資産除去債務の計上漏

れなどを含む。)
- 減損処理の適用（投資有価証券や有形・無形固定資産）
- 税効果会計の適用（繰延税金資産の回収可能性に係る適切な判断を含む。)

⑶ その他の原則

その他，連結会計基準に定められる2つの原則は，いずれも個別財務諸表における一般原則と共通のものです。

① 明瞭性の原則

これは，連結財務諸表の開示に関する原則です。すなわち，適正な開示を満たす範囲において，必要以上に詳細または簡潔になり過ぎることなく，必要な財務情報を明瞭に示さなければならないとする原則です（連結会計基準11項）。この原則の適用においては，前記「⑴ 真実性の原則」と同じく，重要性の原則が適用されるため（連結会計基準（注1）），本当に必要な情報を利害関係者に提供する，という観点を常に心に留めておく必要があるでしょう。

なお，実務的には，連結財務諸表の開示において従うべきルールが法令規則において規定されており，有価証券報告書（または上場時の有価証券届出書）では連結財務諸表規則の規定，会社法上の連結計算書類では会社計算規則の規定にも従う必要があるため，注意が求められます。

② 継続性の原則

この原則は，連結財務諸表においても「会計方針」の適用の継続性が求められる，というものです(連結会計基準12項)。すなわち，正当な理由がない限りにおいて，会計方針はみだりに変更することができず，これには各社の個別財務諸表に適用となる会計方針のみならず，連結手続上で定めている会計方針も含まれます。

親会社の立場からは，各連結子会社が勝手に会計方針を変更しているようなことがないように，しっかりとモニタリングしておくことが必要といえます。

4 連結財務諸表作成における基本的な原則

　本項では，後記「第２章　取引高および債権と債務の相殺消去」以降の章で解説する具体的な連結修正仕訳の解説の前に，連結財務諸表における一般的な取扱いについて解説していきます。

(1) 子会社の範囲と連結の重要性

　連結財務諸表において，親会社はすべての子会社を連結の範囲に含める必要があります。すなわち，連結の範囲を決定するまでのステップは，図表Ⅰ－１－２のとおりとなります。

図表Ⅰ－１－２　連結の範囲の決定ステップ

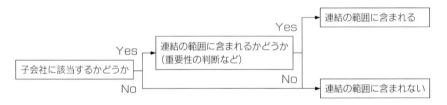

① 子会社に該当するかどうか

　投資先等の他の会社が子会社に該当するかどうか，という判定が連結の範囲を決定する最初のステップとなります。

　子会社に該当するかどうかは，親会社と子会社という関係が成り立つか，すなわち「ある会社（親会社）が他の会社（子会社）を支配しているかどうか」という点が重要となってきます。現在の会計基準では，支配の有無を判定するために，形式的な持株基準（ある会社が他の会社の議決権の50％超を直接的，間接的に所有しているかどうか）ではなく，実質支配力基準（形式的な議決権の過半数所有に留まらず，実質的に支配が存在するかどうか）によって判断する定めとなっています（連結会計基準７項）。

　具体的には，直接的，間接的に他の会社の議決権の過半数を所有しているケースは当然として（連結会計基準７項(1)），議決権の50％以下しか所有して

いないケースであっても，会社と関係の深い者が当該他社の株式を保有しているケースや，他社の取締役会の構成員の過半数を占めているケースなど，子会社と判定される一定の要件が会計基準において定められています（連結会計基準7項(2)，(3)）。

なお，議決権の過半数を所有しているケースであっても，以下の場合には「子会社に該当しない」こととされています（連結会計基準7項柱書きただし書き，連結範囲適用指針16項，20項）。

> - 意思決定機関を支配していないことが明らかな場合
> - 民事再生会社等であって，かつ，有効な支配従属関係が存在せず組織の一体性を欠くと認められる場合

②　子会社が連結の範囲に含まれるかどうか

子会社はそのすべてが連結の範囲に含まれることが原則です（連結会計基準13項）。

そして，子会社のうち，重要性のない子会社については，連結の範囲に含め
ないことができるとされています（連結会計基準（注3））。会計基準においては，子会社のうち連結の範囲から除いても企業集団の財政状態，経営成績およびキャッシュ・フローの状況に関する合理的な判断を妨げない程度に重要性の乏しいものは，連結の範囲から除外することができる，と定められています。

定量的な具体的な指標は，連結範囲取扱いに売上高，当期純損益，総資産，利益剰余金をベースとしたものが示されていますが，その他にも，定性的な重要性も考慮して重要性を判断する必要があります。

なお，実務的に適用されるケースは必ずしも多くありませんが，以下のケー
スでは子会社を連結の範囲に含めないこととされています（連結会計基準14項）。

> - 支配が一時的であると認められる企業
> - 上記以外の企業であって，連結することにより利害関係者の判断を著しく誤らせるおそれのある企業

⑵　連結決算日と子会社の決算日

　企業は，定款で決算日を決めています。日本企業はその多くが国の予算に合わせて3月31日を決算日としていますが，基本的に決算日は自由に決定することができ，最近では，外国企業に揃えて12月末を決算日とするケースも増えています。

　さて，連結財務諸表は親会社の定款に定められた決算日と同じ日を決算日として作成され，これを「連結決算日」といいます（連結会計基準15項）。

　そして，前記のように企業は各社自由に決算日を決定することができるため，連結決算日（親会社の決算日）と子会社の決算日が異なるケースが生じ得ます。このように親会社と子会社の決算日が異なる場合，連結財務諸表の作成に際してどのように取り扱うか，以下においてみていきます。

①　親会社と子会社の決算日が同じ場合

　親会社と子会社の決算日が同日である場合，大きな問題は生じません。すなわち，子会社は自身の決算日において決算書を作成し，その決算書が親会社の連結財務諸表に含まれます。

②　親会社と子会社の決算日が異なる場合（決算日の差異が3か月以内のとき）

　親会社と子会社の決算日が異なる場合，子会社は連結決算日において正規の決算に準じた決算を行い，これを連結決算に取り込みます（連結会計基準16項）。

　ただし，親会社と子会社の決算日の差異が3か月以内の場合（例えば，親会社の決算日（連結決算日）が3月末，子会社の決算日が12月末の場合），子会社の正規の決算を基礎として連結決算に取り込むことができるとされています。このとき，親会社と子会社の決算日が異なる期間において生じた連結会社間取引については，必要な調整を行う必要があります（連結会計基準（注4））。すなわち，先ほどの決算日を例にすると，1月～3月の3か月間の子会社から親会社への売上取引などの連結会社間取引を調整した上で，連結財務諸表を作成することになります。

③　親会社と子会社の決算日が異なる場合（決算日の差異が 3 か月を超えるとき）

前記「②　親会社と子会社の決算日が異なる場合（決算日の差異が 3 か月以内のとき）」に記載したとおり，親会社と子会社の決算日が異なる場合，子会社は連結決算日において正規の決算に準じた決算を行うことになりますが（連結会計基準16項），3 か月以内の差異の場合に認められる特例が使用できないため，原則として，連結決算日にいわゆる「仮決算」（正規の決算に準じた決算）を行うことになります。

ただし，この仮決算は必ずしも連結決算日に行われる必要はなく，相当の理由がある場合には，連結決算日から 3 か月以内の日を仮決算日として設定することもできるとされています（連結財規ガイドライン12-1）。

以上の取扱いをまとめると，図表Ⅰ-1-3のとおりとなります。

図表Ⅰ-1-3	連結決算日と子会社の決算日との関係

親子会社間の決算日の相違		原　則	例　外
決算日が同じ		子会社決算を利用	
決算日が相違	3 か月以内	連結決算日に仮決算	子会社決算を利用
	3 か月超		3 か月以内に仮決算

⑶　親会社および子会社の会計方針

前記「3⑶②　継続性の原則」において解説したように，連結財務諸表においても，個別財務諸表と同様，会計方針は継続して適用する必要があります。そして，連結財務諸表における会計方針に係る重要な定めとして，親会社と子会社が採用する会計方針は，原則として統一しなければならない，というものがあります（連結会計基準17項）。すなわち，同一の環境下で行われた同一の性質の取引に関しては，親会社と子会社の会計方針は統一されている必要があるとされています。

以降では，この原則をベースとして，親子会社間の会計方針の統一に係る取扱いについて，もう少し細かくみていきます。

①　必ずしも統一が求められない会計方針

　原則は，前記のとおり親子会社間の会計方針を統一することですが，会計処理統一取扱いにおいて，以下の会計方針は，必ずしも統一する必要がないとされています。

- 棚卸資産および有価証券の評価方法（先入先出法，平均法等）
- 有形固定資産および無形固定資産の減価償却の方法（定額法，定率法等）

　なお，これら会計方針についても原則として統一することが望ましいとされていますが，仮に個別財務諸表の段階で統一しなかった場合において，連結財務諸表の作成過程においても，その統一は必ずしも求められるものではありません。

②　在外子会社の場合の取扱い

　子会社は日本に所在するケースだけでなく，海外に所在するケースもあります。この在外子会社についても，適用される会計方針は原則として統一されるべき，という点は変わりありません。すなわち，在外子会社においてもいわゆる日本基準と呼ばれる企業会計基準委員会（ASBJ）が作成した企業会計基準を適用することが原則となります。

　ただし，在外子会社については在外子会社固有の取扱いが設けられています（実務対応報告第18号）。具体的には，日本基準ではなく，国際財務報告基準（IFRS）または米国会計基準を用いることが例外的に認められています。

　この場合，日本基準とこれら国際的な会計基準との間の以下のような著しい差異については，連結財務諸表の作成に際して，修正する必要があるとされています。

- のれんの償却（IFRS および米国会計基準）
- 数理計算上の差異の純損益への振替え（IFRS）
- 固定資産の再評価，投資不動産の時価評価（IFRS）
- 研究開発費の資産計上（IFRS）
- 資本性金融商品の時価変動（その他の包括利益累計額）の純損益への振替え（IFRS）

5　連結財務諸表作成の全体像とその手順

　本項では，後記「第2章　取引高および債権と債務の相殺消去」以降の章で
具体的な連結修正仕訳を詳述する前に，連結財務諸表作成の全体像と具体的な
手順を解説します。

(1)　連結財務諸表作成のための全体像

　前記「1　連結財務諸表の目的と必要性」において解説したとおり，連結財
務諸表とは，親会社および子会社からなる経営の状況を，投資家（株主）に伝
えるために作成されるものです。このため，その作成に際しては，親会社と子
会社の財務情報を適宜加工することになります。あくまでイメージですが，図
表Ⅰ－1－4のように捉えるとわかりやすいでしょう。

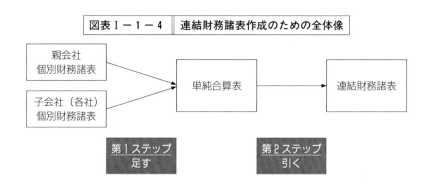

図表Ⅰ－1－4　連結財務諸表作成のための全体像

　上で「適宜加工」と書きましたが，第1ステップで「足して」，第2ステップ
で「引く」，すなわち，連結財務諸表の作成のステップは，まず各社の財務情報
を足した上で，さまざまな重複部分を引くことで調整していく，といった全体
像となります。

　次項では，もう少し細かく，各々のステップをみていきます。

⑵　連結財務諸表作成のための手順

①　連結仕訳計上前の準備等

(i)　連結仕訳等の項目の紹介

　会社の日々の経理業務では，伝票を起票して，それをもとに仕訳帳，総勘定元帳が作成され，各月末や決算期末には財務諸表作成の基礎となる試算表が作成される——大まかにそのような流れになっているのではないでしょうか（もちろん，今日ではこれらのすべての流れが，ほぼシステム化されています。）。

　決算の基礎が伝票起票であり，伝票は，簿記というメカニズムをベースとする「仕訳」から成り立っています。すなわち，取引を「借方」と「貸方」の科目に分解して，それぞれに金額を割り当てて仕訳が作成されます。

　連結財務諸表の作成に際しても，この仕訳が用いられます。連結財務諸表の作成に際して用いられる仕訳をここでは「連結仕訳」と称しますが，この連結仕訳は，大きく以下の2つに分類されます。なお，これらの呼び方はあくまで便宜的な本書での呼称で，会計基準などで定義づけられているものではない点にご留意ください。

- 個別修正仕訳
- 連結修正仕訳

　まず，個別修正仕訳ですが，図表Ⅰ－1－4の全体像の第1ステップである「足す」前の段階で，各社の財務情報を調整する必要があるときに行われる仕訳です。例えば，会計方針の統一のための仕訳であったり，減損などの必要な仕訳が計上されていない場合に行われる仕訳が挙げられます。詳細は，後記「②　個別財務諸表の修正」で解説しています。

　次に，連結修正仕訳ですが，これは図表Ⅰ－1－4の全体像の第2ステップ「引く」そのものになります。この連結修正仕訳には多種多様な性格の仕訳が含まれますので，もう少しボリュームを割いて，後記「③　投資と資本の相殺消去仕訳を含む資本連結仕訳」から「⑧　開始仕訳」までで解説していきます。なお，一点確認しておきますが，「③　投資と資本の相殺消去仕訳を含む資本連結仕訳」から「⑧　開始仕訳」までの項目は，順々に行われるものではなく，あくまで説明上の便宜で並べているもので，業務フロー（連結決算手続）上お

よびシステム上は，同時に行われるものである点にご留意ください。

(ii) 在外子会社の財務諸表の換算

　連結財務諸表に含まれる子会社は，日本に所在する場合だけでなく，海外に所在しているケースもあります。この場合，連結仕訳の作成・入力に先立って，外貨（米ドルやユーロ，英ポンドなど）によって作成された現地決算の個別財務諸表を親会社の財務諸表（連結財務諸表）で用いている通貨である円貨に換算替えする必要があります。

　なお，詳細は後記「第6章2　外貨換算に関する会計処理の概要」にて説明していますので，そちらをご参照ください。

② 個別財務諸表の修正

　まず，個別財務諸表の修正というステップをみていきます。この仕訳は，第1ステップである「足す」前の段階で行われることになり，いわば「第0ステップ」として，準備段階での仕訳，ということができるかもしれません。

　その目的は，正しい連結財務諸表作成であって，そのために各社の個別財務諸表に対して行われる修正仕訳が含まれてきます。

　具体的に想定されるものを図表Ⅰ-1-5にまとめていますので，ご確認ください。

　なお，図表Ⅰ-1-5の（※1）の調整項目は，実務的には図表Ⅰ-1-6の3つ（①から③）のいずれかのタイミングで反映されます。ここでは，それらの優劣について論じることはしませんが，各担当者の経験や事後的な検証の容易性などを勘案して，そのタイミングを決定することが考えられます。

　また，図表Ⅰ-1-5の（※2）の調整項目は，実務上，連結修正仕訳として行われるケースも多いのではないかと思われます。厳密にどちらが正しい，ということはないので，各社の判断で漏れが生じないようなタイミングで反映すればよいでしょう。

③ 投資と資本の相殺消去仕訳を含む資本連結仕訳

　さて，ここからは連結修正仕訳の解説に入っていきます。栄えあるトップバッターは，投資と資本の相殺消去仕訳を含む資本連結仕訳です。

　連結財務諸表は，親会社と子会社が存在していることが大前提となりますが，

図表Ⅰ－1－5	個別財務諸表の修正仕訳（例示）
項　　目	内　　容
会計方針の統一（※1）	連結会社の会計方針の統一のための仕訳
各社財務諸表の誤謬の修正	前記「3⑵　個別財務諸表基準性の原則」に箇条書きで記載した減価償却の過不足や減損処理の適用など，各社の決算を正しくするための仕訳
決算期ズレのケースの調整（※1）	決算期が相違している子会社決算をそのまま取り込む場合の，連結会社間の売上取引等の調整
連結財務諸表上は不要な仕訳の調整（※1）（※2）	親会社における子会社株式の評価損など，連結財務諸表では計上不要な処理を戻し入れる仕訳
財務諸表の組替仕訳（※1）（※2）	販売子会社の人件費（売上原価）を連結財務諸表上は販売費に振り替えるなど，最終的な損益に影響しない組替仕訳
上記各々の仕訳に係る税効果調整	上記各仕訳に応じて，一時差異が生じた場合の必要な税効果仕訳

図表Ⅰ－1－6	図表Ⅰ－1－5（※1）の個別修正仕訳の反映のタイミング

各社個別決算試算表 ① → 連結パッケージ財務諸表 ② → 連結精算表（調整前）財務諸表 ③ → 連結精算表（調整後）財務諸表

　親会社は子会社を設立するときに，出資を行い，株式（子会社株式）を取得します。対する子会社では，設立に際して親会社などからの出資を受け入れ，株式を発行して，資本金および資本準備金（以下，これらを合わせて「払込資本」といいます。）を計上します。

　連結財務諸表の作成の第1ステップは，親会社と子会社の財務諸表を合算することですが，合算した段階では図表Ⅰ－1－7のように，株式と払込資本が借方（資産）と貸方（資本）に重複して計上されている状況にあり，これを「引く」のが，この投資と資本の相殺消去仕訳です。

　この資本連結仕訳には，最も基本的な株式と資本の相殺消去仕訳以外にも，非支配株主持分に係る処理が含まれます。親会社以外の子会社の株主（他の子会社が株主となっているケースの当該他の子会社を除きます。）は非支配株主と呼ばれ，連結貸借対照表上では，子会社の資本のうち非支配株主が保有して

図表 I － 1 － 7	投資と資本の相殺消去仕訳の基本メカニズム

単純合算貸借対照表

親会社その他資産	×××	親会社負債	×××
子会社株式（親会社）	100	親会社資本	×××
子会社資産	×××	子会社負債	×××
		子会社払込資本	100
		子会社利益剰余金	×××

重複している

→ （借）　子会社払込資本　100　（貸）　子会社株式(親会社)　100　で消す

いる部分を「非支配株主持分」として表示します。そして，この非支配株主持分に関連する以下の一連の仕訳も資本連結仕訳に含まれます。

- 子会社資本の非支配株主持分への振替え
- 子会社が計上した当期純利益の非支配株主持分への振替え
- 非支配株主に対して支払われた配当金の消去

この他にも，資本連結仕訳には以下の仕訳が含まれます。

- 配当金の消去……子会社からその株主に対して支払われた配当金の消去
- のれんの処理……投資額が資本を超える部分であるのれんの計上とその償却

④　債権債務・取引高の相殺消去

　この債権債務・取引の相殺消去は，前記の「③　投資と資本の相殺消去仕訳を含む資本連結仕訳」に比べて，よりイメージしやすいかと思います。

　債権債務の相殺消去とは，例えば，親会社から子会社に対する売上取引があり，売掛金が期末残高に含まれているケースを想定します。子会社では，当然に買掛金が計上されていることになりますが，これらは連結内部の取引から生じた債権債務であるため，連結財務諸表の作成に際しては相殺消去されます

（すなわち「引く」）。

　取引の相殺消去も同様です。前出の例を使うと，親会社の損益計算書に計上されている売上と，子会社側での対応する仕入（売上原価）は，連結内部取引であることから，相殺消去されます（すなわち「引く」）。

　売上取引以外にも，以下のようなものが一般的に考えられますので，ご確認ください。

- 連結会社間の設備や建物などの賃貸借取引とこれに対応する債権債務
- 連結会社間の融資（キャッシュ・マネジメント・システムによるものを含む。）とこれに対応する利息の受払い
- 親会社が子会社に対して計上した引当金（貸倒引当金や債務保証損失引当金など）と繰入額（戻入額）

　この債権債務・取引の相殺消去は，後記「⑤　未実現損益の消去」と合わせて「成果連結仕訳」などと呼ばれることもありますが，資本連結仕訳ほど一般的な呼称ではないかもしれません。

⑤　未実現損益の消去

　製造業の会社などで，半製品のやり取りや，製品の販売会社への売上などがある場合に重要となってくるのが，この未実現利益です。

| (借) 売　上　高 | 120 | (貸) 売　上　原　価
（仕　入　高） | 120 |
| (借) 売　上　原　価
（期末商品棚卸高） | 20 | (貸) 製　　　品 | 20 |

　ここでは，親会社が製造した製品を販売子会社に販売したものの，期末時点で当該製品がまだ連結外部に販売されていない状況を想定します（図表Ⅰ－1－8参照）。親会社は適正なマージンを付加して子会社へ売却していますが，期末時点ではまだ当該製品が外部に販売されていないので，連結グループという観点では，そのマージンはまだ「実現」していない状態にあります。マージン相当は子会社の在庫金額に「含まれて」しまっていますので，「取引の相殺消去」に合わせて未実現利益を消去することが必要となります。

　未実現利益は，製品，商品といった棚卸資産のグループ内売買だけでなく，

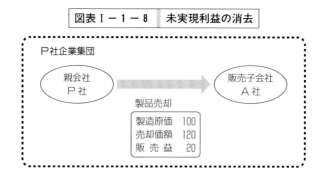

図表 I － 1 － 8　　未実現利益の消去

土地や建物，機械装置といった固定資産，さらには有価証券のグループ内売買によっても生じますので，消去の漏れが起こらないようにアンテナを張っておく（情報を適切に収集する体制を構築する）必要があります。

⑥　税効果会計

　種々の個別修正仕訳，連結修正仕訳に対応して，税効果会計の必要性を検討することが必要です。すなわち，個別修正仕訳，連結修正仕訳のそれぞれが，税効果会計の基礎となる一時差異を生じさせる，または解消させるものではないかどうか，忘れずに検討することが重要です。

⑦　その他の連結修正仕訳

　主要な連結修正仕訳は，資本連結仕訳ならびに債権債務・取引および未実現利益の消去仕訳，さらにこれらに対応する税効果会計仕訳ですが，本項ではこれら以外の主要な連結修正仕訳などについて触れておきます。

　まず，忘れてはいけないのが持分法仕訳です。持分法とは，原則として関連会社に対して連結財務諸表上で用いられる会計処理であり，子会社のように財務諸表を「合算」して連結財務諸表に取り込むものではないものの，その決算を「一行」で連結財務諸表に反映するテクニック（会計手法）です。子会社の場合には，貸借対照表，損益計算書の各々が連結財務諸表に取り込まれますが，関連会社（持分法適用会社）の場合には，それを投資有価証券（貸借対照表）および持分法による投資損益（損益計算書）の単一科目で表現する，という点が特徴的です。持分法会計の詳細については，後記「第 6 章 1　持分法に関する会計処理の概要」をご参照ください。

その他に，連結修正仕訳として想定されるものを以下に列挙しているため，ご確認ください。

- 業績不振子会社の引当金や非支配株主持分に係る連結修正仕訳[※1]
- 財務諸表の組替仕訳[※2]

（※1）　資本連結仕訳に含むことも考えられます。
（※2）　連結修正仕訳により生じた繰延税金資産および繰延税金負債の消去などの，連結固有のものを除き，個別修正仕訳に含むことも考えられます（親会社株式の時価評価の取消しとともに行われる自己株式への振替えなど）。

⑧　開始仕訳

さて，連結修正仕訳において重要な概念が，この「開始仕訳」という考え方（処理）です。

会計基準で定められる会計上の取扱い，というよりは，連結財務諸表作成プロセスの一部として発展してきた処理，というほうが適切かと思われます。図表Ⅰ－1－9にあるとおり，連結財務諸表は，個別財務諸表のように前期からの繰越，そして日々の起票によって作成されるのではなく，年度ごと（または四半期ごと）に個別財務諸表を基礎として，合算（足す）＋調整（引く）というプロセスで作成されます。このため，前年度の連結仕訳のうち当期の連結財務

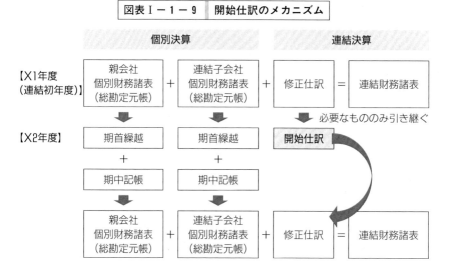

図表Ⅰ－1－9　開始仕訳のメカニズム

諸表作成においても必要な仕訳は，前年度の仕訳を繰り越してくる手続が必要となります。これが開始仕訳と呼ばれるものです。

　例えば，前記図表 I － 1 － 7 で紹介した投資と資本の相殺消去仕訳は，当該子会社を引き続き連結している限り，翌期においても同じく必要となってくる仕訳です。こういった仕訳を適切に抽出して，開始仕訳として修正仕訳に含める必要があります。

　具体的に，開始仕訳として計上される項目には，以下のようなものがあると考えられます。

- 個別財務諸表の修正のうち翌期にも必要な項目（前期から引き続き保有している子会社株式の評価損の戻しなど）
- 投資（子会社株式）と資本（払込資本）の相殺消去および当期純利益の非支配株主持分への振替え
- のれんの償却
- 未実現利益の消去（実現していないもの）またはその振戻し（棚卸資産）および実現処理（償却調整など）
- 引当金の消去

　ご覧いただいてわかるとおり，債権債務や取引の相殺消去（引当金の消去を除きます。）については開始仕訳に含まれていません。これは，損益に影響する引当金の調整を除いては，当期の取引または当期末の残高をベースに毎期連結修正仕訳を新たに計上すべき性質によるものです。

6 ┃ 連結精算表の役割と仕組み

　本項では，本書の主眼である「連結精算表」の概要を解説します。

　「精算表」とはそもそも，個別決算において，帳簿を締め切り，合計残高試算表を作成した後に，必要な決算整理仕訳を帳簿外で反映させ，貸借対照表や損益計算書といった必要な財務諸表を作成するために作られるものです。しかしながら，現状の実務では，前出の必要な決算整理仕訳は通常の仕訳として起票され[2]，残高としてすべて反映されているケースも多いと思われます。

2　その際，経理システム上，決算整理仕訳のみを「13か月目」の月として設定して登録している例もみられます。

　他方，連結財務諸表の作成に際して，連結精算表を作成していないケースはほとんどないのではないかと思われます。子会社数が少なく，さほどの労力や手間を掛けずに作成できるケースではエクセルのようなスプレッドシートで，また，会社数が増えてきて，作成や管理が大変になってくると，連結システムを導入して連結財務諸表を作成するようになると思われます。スプレッドシートであっても，連結会計システムであっても，連結精算表の基本的な役割やメカニズムは変わりませんので，ここではそのベースとなる知識をみていきます。

(1)　連結精算表の構造

　まず，図表Ⅰ－1－10では，ごく一般的な連結精算表のフォーマットを示しています。スプレッドシートで作成した場合にはこのようなフォーマットになりますが，多くの連結会計システムにおいても，類似のフォーマットでアウトプットできるように設定されていると思われます。

　連結精算表は，あくまで連結財務諸表を作成するための「手続」をサポートする「ツール」なので，その要件が会計基準などで明らかになっているものではありません[3]。このため，各社の作成上，管理上の便宜なども踏まえて，適宜カスタマイズしてみるのもよいかもしれません。

　もう一度，図表Ⅰ－1－10をみて，全体の構造を確認しておきましょう。左側より，財務諸表の種類（連結貸借対照表，連結損益計算書，連結包括利益計算書，連結株主資本等変動計算書），勘定コード，勘定科目，という並びになっていることが一般的です。その右側は，親会社および子会社の個別財務諸表の数値が入力され，その合算値が示される形となります（ここまでが図表Ⅰ－1－10の（A）の部分です。）。なお，連結キャッシュ・フロー計算書は，別途キャッシュ・フロー計算書用の精算表（連結キャッシュ・フロー精算表）を用いて作成するため，連結精算表には含まれません[4]。

　次に，前記「5(2)②　個別財務諸表の修正」で示した個別修正仕訳を反映するパートが図表Ⅰ－1－10の（B）の部分となります。ここまできて，連結財務

3　なお，資本連結実務指針設例4などでは連結精算表が示されているので，ご参考までにご覧ください。
4　連結包括利益計算書も，連結精算表の枠外で別途作成し，検証しているケースも多いと思われます。

| 図表Ⅰ－1－10 | 連結精算表（サンプル） |

項目	勘定コード	精算表勘定科目	(A) 親会社 P社	子会社 A社	単純合算表	(B) 個別修正仕訳	個別修正仕訳後	(C) 連結修正仕訳	連結精算表合計
連絡 B/S		流動資産							
		流動資産合計							
		有形固定資産							
		有形固定資産合計							
		無形固定資産							
		無形固定資産合計							
		投資その他の資産							
		投資その他の資産合計							
		固定資産合計							
		繰延資産							
		資産合計							
		流動負債							
		流動負債合計							
		固定負債							
		固定負債合計							
		負債合計							
		資本金							
		資本剰余金							
		利益剰余金							
		自己株式							
		株主資本合計							
		その他の包括利益累計額							
		その他の包括利益累計額合計							
		新株予約権							
		非支配株主持分							
		評価差額（個別修正用）							
		純資産合計							
		負債純資産合計							
連結 P/L		売上高							
		売上原価							
		売上総利益							
		販売費及び一般管理費							
		販売費及び一般管理費合計							
		営業利益							
		営業外収益							
		営業外収益合計							
		営業外費用							
		営業外費用合計							
		経常利益							
		特別利益							
		特別利益合計							
		特別損失							
		特別損失合計							
		税金等調整前当期純利益							
		法人税，住民税及び事業税							
		法人税等調整額							
		法人税等合計							
		当期純利益（P/L）							
		非支配株主に帰属する当期純利益							
		親会社株主に帰属する当期純利益							
連結 S/E		資本金期首残高							
		（中略）							
		株主資本期末残高							

諸表作成のスタートラインに立ったといえるでしょう。

　最後に，図表Ｉ－1－10の（Ｃ）の部分で連結修正仕訳を反映して，晴れて連結精算表の完成と相成ります。なお，開示用の連結財務諸表は，連結精算表の科目よりも集約して開示されるケースが多いと思われ（ただし，雑収入，雑損失などは，個別掲記すべき科目がないかどうか，連結精算表の科目をさらに分解するようなケースもあります。），連結精算表の数値から組替表を作成し，科目を適宜集約，分解した上で，開示用の連結財務諸表を作成することになります。

⑵　個別財務諸表の項目

　ここでは，図表Ｉ－1－10のうち，（Ａ）と（Ｂ）で示した個別財務諸表に係る項目をもう少し掘り下げて解説していきます。

①　勘定科目の設定

　まず，連結精算表の左側の勘定科目の設定について触れておきます。親会社および子会社が共通の会計システムを使っていて，勘定体系が統一されているようなケースでは，すでにそのシステムの開発時に必要な勘定科目の整理，検証が終わっているはずなので，それをベースに連結精算表の科目を設定すればよいことになります。しかしながら，実際にそのようなケースは多くなく，各社のシステム（勘定体系）や業種・業態なども考慮しつつ，適切に勘定科目を設定することが正しい連結精算表を作成する第一歩になります。

　また，勘定科目の設定は，単に各社の個別財務諸表の科目のみを勘案して行われるものではなく，連結財務諸表で固有に計上される項目（例えば，退職給付に係る調整累計額，為替換算調整勘定や（連結）のれんなど）を忘れずに設定しておくことが求められます。

②　単純合算表の作成

　さて，図表Ｉ－1－10の（Ａ）の部分である単純合算表の作成です。

　単純合算表は，親会社および子会社の試算表などから直接入力されるのではなく，後記「第Ⅱ部第1章　連結決算のための情報収集」で詳細に解説する「連結パッケージ」から転記されます。簡単にいうと，連結パッケージとは，連結財務諸表の作成に必要な情報を子会社などから収集するために作成される報告

フォームを指します。そして，この連結パッケージ上の個別財務諸表は，すで
に連結精算表の科目体系に揃えてブランクフォームが作成されており，各社担
当者は，試算表をベースに，このフォームに沿って正しく入力をしていきます。
　図表Ｉ－１－10では，親会社Ｐ社と子会社Ａ社というわずか２社の合算表に
なっていますが，子会社が多数存在するようなケースでは，この子会社の列が
増え，右に拡がっていくような形となるか，単純合算表までを別のシートとし
て作成するような形となります。

③　個別修正仕訳の入力

　単純合算表を作成し終わったら，次は個別修正仕訳の入力となります（図表
Ｉ－１－10の（Ｂ）の部分）。この個別修正仕訳は，「仕訳帳」，「仕訳表」，「仕訳
リスト」などといった形で別途入力，管理，チェックされ，この精算表にいわ
ば「転記」されてくるような形となります。
　図表Ｉ－１－10では，「個別修正仕訳」として一列で示されていますが，実際
には図表Ｉ－１－11のように，仕訳の種別に列を分けて入力，管理することが

図表Ｉ－１－11　個別修正仕訳（連結精算表）の見出し行

| 個別修正仕訳 | | | | | 個別修正仕訳合計 | 個別修正仕訳後合算表 |
開始仕訳（個別修正）	損益調整仕訳	期ズレ調整仕訳未達取引	組替仕訳	その他		

図表Ｉ－１－12　連結修正仕訳

| 個別修正仕訳後合算表 | 連結修正仕訳 | | | | | | |
| | 資本連結関係 | | | | 債権債務・取引，未実現関係 | | |
	開始仕訳（資本連結）	投資資本相殺	のれん償却・利益按分・配当金相殺	評価・換算差額等	開始仕訳（未実現等）	債権債務相殺消去	取引相殺消去

考えられます。

　また，個別財務諸表の誤りや個別修正仕訳の誤り，漏れなどを発見するために，個別修正仕訳の反映の前後それぞれで，前期比較などのチェック手続を実施することが重要となってきます。

　なお，前記「5(2)①(ii)　在外子会社の財務諸表の換算」では，連結仕訳（個別修正仕訳）の入力に先立って，外貨建ての在外子会社の個別財務諸表の円貨への換算が行われるように記載しました。実際には，在外子会社の個別財務諸表の修正仕訳（個別修正仕訳）は外貨ベースで入力され，その後に円貨への換算のステップを踏んでいるケースが多いと思われます。ただし，換算後に仕訳を円貨入力しているケースや，図表Ⅰ－1－6の①，②のように，連結仕訳外で個別修正仕訳を反映しているケースも実務上あることを付け加えておきます。

⑶　連結仕訳部分

　最後に，図表Ⅰ－1－10の（C）の部分で示した連結修正仕訳の入力箇所になります。

　個別修正仕訳と同じく，図表Ⅰ－1－10では一列で示していますが，実際には，図表Ⅰ－1－12のように，仕訳の種別に列を分け，さらに，資本連結仕訳，取引・債権債務・未実現損益の消去仕訳，持分法仕訳といった「中区分」を設定することも考えられます。

　この連結修正仕訳も，個別修正仕訳と同じく「仕訳帳」，「仕訳表」，「仕訳リスト」などといった形で別途入力，管理，チェックされて，連結精算表に「転記」されます。

（連結精算表）の見出し行

未実現損益調整	持分法関係		税効果関係		連結組替その他	連結修正仕訳合計	連結精算表合計
	開始仕訳（持分法）	その他持分法仕訳	開始仕訳（税効果）	その他税効果仕訳			

第2章

取引高および債権と
債務の相殺消去

　第2章では，連結仕訳の中で最も調整の多い項目の1つである取引高および
債権と債務の相殺消去について解説します。実務上は，連結会社相互間で取引
が発生することは多いため，連結精算表上においても最も重要な調整項目の1
つとなります。

1 相殺消去の必要性

　連結財務諸表は，支配従属関係にある2つ以上の企業からなる集団を単一の
組織体とみなして，親会社が当該企業集団の財政状態および経営成績を総合的
に報告するために作成されるものと定められています（連結会計基準1項）。
　これは，親会社が当該企業集団をあたかも1つの会社のように連結財務諸表
を作成することを意味します。つまり，企業集団内の取引がいくら発生しよう
とも，それは企業集団の対外的な取引活動の成果を反映するものではないため，
連結会社相互間の取引は相殺消去されることとなります。
　仮に，連結会社相互間の取引が相殺消去されていない場合，当該連結精算表
から作成された連結財務諸表上の勘定科目の金額は過大計上されることとなり，
企業集団の経済的実態を適切に反映しないこととなります。このことからも，
取引および債権と債務の相殺消去は，連結財務諸表を作成するために必要な調
整項目となります。
　図表 I － 2 － 1に示したとおり，P社企業集団を1つの会社と考えた場合，
企業集団全体の対外的な活動による売上高は，連結子会社 B 社の売上高500の
みとなります。すべての連結会社の売上高を単純合算した1,400は，企業集団の

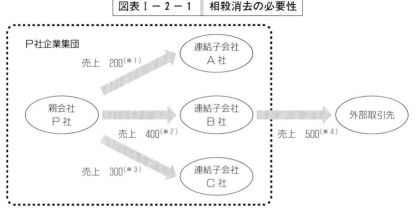

図表 I－2－1　相殺消去の必要性

（P社企業集団単純合算売上）　200(*1)＋400(*2)＋300(*3)＋500(*4)＝1,400
（P社企業集団外部売上）　500(*4)

売上高としては正しい金額ではないため，連結会社相互間の取引は相殺消去されることとなります。

2 取引高および債権と債務の相殺消去の処理方法

(1) 基本的な相殺消去

　連結財務諸表を作成する場合，連結会社相互間における商品の売買その他の取引に係る項目は相殺消去されるとともに（連結会計基準35項），連結会社相互間の債権と債務についても相殺消去が行われます（連結会計基準31項）。連結会社相互間の取引については，売上高と売上原価のほかに，販売費及び一般管理費，営業外損益および特別損益項目も相殺消去の対象となるほか，企業集団内の資金の貸付けや社債の引受け等もこれに該当します。このため，企業集団内のすべての取引が相殺消去の対象となります。なお，連結精算表上は，親会社および連結子会社のすべての取引が合算された後，連結会社相互間の取引が相殺消去されます。この関係を示したものが図表 I－2－2となります。

　P社企業集団の単純合算した売上高は，P社およびA社の合計金額となりますが，連結会社相互間の取引は相殺消去されることから，A社の売上高のみがP社の連結売上高として連結財務諸表に反映されます。

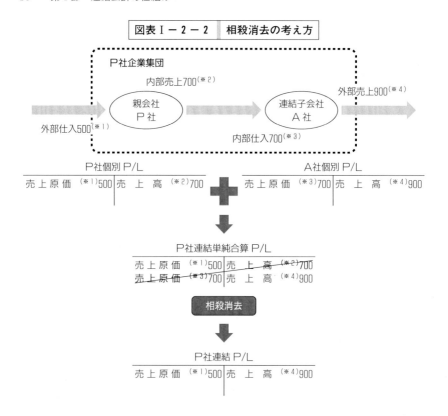

図表Ⅰ－2－2 | 相殺消去の考え方

① 事業取引（通常の商品売買取引・役務収入（経営指導料））における
相殺消去

　企業集団の事業形態には，製造会社と販売会社を明確に区分している場合や，
企業集団の広告宣伝部門や管理部門を担っている会社を別途設けている場合も
あります。このため，相殺消去は売上高と売上原価を相殺消去するような単純
な調整のほか，売上高と販売費及び一般管理費の複数科目を相殺消去する場合
など，実務上はさまざまな調整が考えられます。

　また，債権と債務の相殺消去においても，単純な商品売買取引の場合，売掛
金と買掛金を相殺消去することとなりますが，企業集団内の各社の事業形態に
よっては，売掛金と未払金を相殺消去する場合や，未収入金に対して未払金と
未払費用の複数科目で相殺消去する場合もあります。この連結仕訳を示したも
のがパターンⅠ－2－1やパターンⅠ－2－2となります。

| パターン I − 2 − 1 | 通常の商品売買取引の相殺消去 |

[前提条件]
① 　親会社 P 社は，連結子会社 A 社に対して商品を販売し，当該商品は企業集団外に販売されています。
② 　各社の個別 B/S および個別 P/L の勘定科目残高は，親会社 P 社および連結子会社 A 社間の取引により発生したものです。
③ 　その他の勘定科目や前提条件は考慮しません。

[取引関係図]

P社企業集団

親会社 P 社　　商品売上　　連結子会社 A 社

[各社の個別 F/S]

P社個別 P/L

売　上　高　　(＊1)700

A社個別 P/L

売 上 原 価　　(＊2)700

P社個別 B/S

売 掛 金　　(＊3)200

A社個別 B/S

買 掛 金　　(＊4)200

[連結仕訳]
＜取引高の相殺消去＞

| (借) 売　　上　　高 | (＊1)700 | (貸) 売　上　原　価 | (＊2)700 |

＜債権と債務の相殺消去＞

| (借) 買　　掛　　金 | (＊4)200 | (貸) 売　　掛　　金 | (＊3)200 |

パターンⅠ-2-2	役務収入（経営指導料）の相殺消去

[前提条件]

① 親会社 P 社は，連結子会社 A 社に対して経営指導を行っています（親会社 P 社の本業とします。）。

② 各社の個別 B/S および個別 P/L の勘定科目残高は，親会社 P 社および連結子会社 A 社間の取引により発生したものです。

③ その他の勘定科目や前提条件は考慮しません。

[取引関係図]

[各社の個別 F/S]

```
           P社個別 P/L                        A社個別 P/L
                    売 上 高 (※1)120    業務委託費 (※2)120

           P社個別 B/S                        A社個別 B/S
売 掛 金 (※3)10                                        未 払 金 (※4)10
```

[連結仕訳]

＜取引高の相殺消去＞

（借）売　上　高　　　　　(※1)120　（貸）業 務 委 託 費　　　(※2)120

＜債権と債務の相殺消去＞

（借）未　払　金　　　　　(※4)10　（貸）売　掛　金　　　　　(※3)10

② 資金取引における相殺消去

連結会社相互間で資金の貸付けや借入れを行っている場合や社債の引受けを

行っている場合，企業集団内の取引となるため，当該資金取引については相殺消去されます。また，相殺消去の対象となる債権または債務には，前払費用，未収収益，前受収益および未払費用で連結会社相互間の取引に関するものはすべて含まれます（連結会計基準（注10）(1)）。

　このため，資金取引により発生した借入金や貸付金の相殺消去のほか，これに関連した支払利息および受取利息や経過勘定項目も相殺消去する必要があります。この連結仕訳を示したものがパターンⅠ－2－3となります。

パターンⅠ－2－3	資金取引の相殺消去

[前提条件]
① 親会社P社は，連結子会社A社に対して資金の貸付けを行っています。
② 各社の個別B/Sおよび個別P/Lの勘定科目残高は，親会社P社および連結子会社A社間の取引により発生したものです。
③ その他の勘定科目や前提条件は考慮しません。

[取引関係図]

[各社の個別F/S]

P社個別P/L
	受取利息 (*1)15

A社個別P/L
支払利息 (*2)15	

P社個別B/S
| 未収収益 (*3)5 | |
| 長期貸付金 (*5)1,000 | |

A社個別B/S
| | 未払費用 (*4)5 |
| | 長期借入金 (*6)1,000 |

[連結仕訳]
＜取引高の相殺消去＞

(借) 受取利息 (*1)15	(貸) 支払利息 (*2)15

＜債権と債務の相殺消去＞

| （借） | 未 払 費 用 | （※4）5 | （貸） | 未 収 収 益 | （※3）5 |
| （借） | 長 期 借 入 金 | （※6）1,000 | （貸） | 長 期 貸 付 金 | （※5）1,000 |

③　貸倒引当金の調整

　連結会計基準では，貸倒引当金等の各種引当金について，それが連結会社を対象として引き当てられたことが明らかなものの場合，必要な調整を行うことが定められています（連結会計基準（注10）(3)）。

　親会社や連結子会社の個別財務諸表上，売掛金や貸付金等の債権について，貸倒引当金が設定されることがありますが，対象となる売掛金や貸付金等が連結仕訳により相殺消去された場合，これに対応させるために貸倒引当金についても必要な調整を行うこととなります。そして，連結仕訳で貸倒引当金を調整する場合，個別財務諸表上で計算された貸倒引当金の計算方法に基づいて，連結仕訳の金額を計算する必要があります。

　例えば，売掛金について貸倒実績率により貸倒引当金が計算されている場合，売掛金の相殺消去金額に当該貸倒実績率を乗じた金額をもとに，連結仕訳を作成する必要があります。一方で，貸付金について財務内容評価法等に基づいた個別引当により貸倒引当金が計算されている場合，個別に引き当てられた金額

| 図表Ⅰ－2－3 | 貸倒引当金の調整パターン |

債権区分	科目の例示	貸倒引当金の計算	貸倒引当金の計算の考え方	連結仕訳で調整する金額の算定方法
一般債権	受取手形，売掛金，未収入金等	貸倒実績率法	債権全体に対して実績率を乗じて引当額を計算	相殺消去対象債権×貸倒実績率
貸倒懸念債権	貸付金等	キャッシュ・フロー見積法，財務内容評価法	個別債権ごとに引当額を計算	相殺消去対象債権に対して計算された貸倒引当金計上額
破産更生債権等	貸付金等	財務内容評価法	個別債権ごとに引当額を計算	相殺消去対象債権に対して計算された貸倒引当金計上額

（注）　債権区分および貸倒引当金の計算は，金融商品会計基準および金融商品実務指針によるものである。

をもとに，連結仕訳を作成する必要があります。この関係を示したものが図表Ⅰ－2－3であり，連結仕訳はパターンⅠ－2－4となります。

パターンⅠ－2－4	貸倒引当金の調整

[前提条件]
① 親会社P社は，連結子会社A社に対して商品の販売および資金の貸付けを行っています。
② 親会社P社は，連結子会社A社に対する債権について，一般債権として貸倒引当金を設定しています。
③ 貸倒実績率は2％とします。
④ 売上・仕入取引および経過利息の計上は考慮しません。
⑤ 各社の個別B/Sおよび個別P/Lの勘定科目残高は，親会社P社および連結子会社A社間の取引により発生したものです。
⑥ その他の勘定科目や前提条件は考慮しません。

[取引関係図]

[各社の個別F/S]

P社個別P/L

貸倒引当金繰入額（販管費）	(※1)4
貸倒引当金繰入額（営業外）	(※2)20

A社個別P/L

P社個別B/S

売掛金	(※3)200	貸倒引当金（流動）	(※5)4
長期貸付金	(※4)1,000	貸倒引当金（固定）	(※6)20

A社個別B/S

買掛金	(※7)200
長期借入金	(※8)1,000

（※1）および（※5）　4＝200（売掛金）×2％（貸倒実績率）
（※2）および（※6）　20＝1,000（貸付金）×2％（貸倒実績率）

[連結仕訳]

＜貸倒引当金の調整＞

(借)	貸倒引当金(流動)	(※5)4	(貸)	貸倒引当金繰入額 (販　管　費)	(※1)4
(借)	貸倒引当金(固定)	(※6)20	(貸)	貸倒引当金繰入額 (営　業　外)	(※2)20

＜債権と債務の相殺消去＞

(借)	買　　掛　　金	(※7)200	(貸)	売　　掛　　金	(※3)200
(借)	長 期 借 入 金	(※8)1,000	(貸)	長 期 貸 付 金	(※4)1,000

[翌連結会計年度の連結仕訳]

＜開始仕訳（貸倒引当金の調整）＞

(借)	貸倒引当金(流動) 貸倒引当金(固定)	(※5)4 (※6)20	(貸)	利益剰余金期首残高	(※9)24

（※9）　24＝4（（※5）参照）＋20（（※6）参照）

⑵　特殊な相殺消去

　前記「⑴　基本的な相殺消去」で解説したとおり，連結財務諸表を作成する上で，連結会社相互間の取引および債権と債務はすべて相殺消去されますが，相殺消去の対象となる取引と調整項目には特殊なパターンがあります。ここでは，実務上考えられる特殊なパターンについて，解説します。

①　手形取引（手形の割引）

　連結会社相互間で手形の振出と引受けを行った場合，対象となった受取手形と支払手形について相殺消去を行うこととなりますが，連結会社が振り出した手形を他の連結会社が銀行割引をした場合には，連結財務諸表上では借入金に振り替えます（連結会計基準（注10）⑵）。これは，企業集団の観点からは手形の振出はなくなり，企業集団宛ての手形による銀行借入れとみなすためです。

　また，割引した際に発生した手形売却損は，企業集団の観点からは利息と考えられることから，これを支払利息に振り替えるとともに，当該利息に翌連結

会計年度以降に帰属するものがある場合には，繰延処理が必要となります。この連結仕訳を示したものがパターン I － 2 － 5 となります。

パターン I － 2 － 5 ／ 割引手形の振替え

[前提条件]

① 親会社 P 社は，連結子会社 A 社に対して手形の振出を行っています。

② 連結子会社 A 社は，親会社 P 社から振り出された手形を銀行で割引処理しています。

③ 手形売却損は当連結会計年度に帰属するものとします。

④ 各社の個別 B/S および個別 P/L の勘定科目残高は，親会社 P 社および連結子会社 A 社間の取引により発生したものです。

⑤ その他の勘定科目や前提条件は考慮しません。

[取引関係図]

[各社の個別 F/S]

	P社個別 P/L

	A社個別 P/L
手形売却損　(*1)10	

	P社個別 B/S
	支 払 手 形　(*2)200

	A社個別 B/S

[連結仕訳]

＜手形売却損の振替え＞

(借) 支 払 利 息　　　　　(*1)10　(貸) 手 形 売 却 損　　　　(*1)10

＜支払手形の振替え＞

(借)	支 払 手 形	(※2)200	(貸)	短 期 借 入 金	(※2)200

② 連結会社以外の会社を通して行う取引の相殺消去

連結会社以外の外部の第三者と取引を行った場合，その取引は企業集団外との取引であり相殺消去は行いませんが，実質的に連結会社間の取引であることが明確である場合には，たとえ第三者との取引であっても連結会社相互間の取引とみなして処理を行います（連結会計基準（注12））。

例えば，親会社から連結子会社（販売子会社）に商品を販売するために，親会社と当該連結子会社との間に企業集団以外の第三者である商社が介在する場合を想定します。

本来，親会社と商社との取引は，企業集団外との取引であるため相殺消去の対象にはならないとも考えられますが，商社の販売先は連結子会社であり，連結子会社から一般顧客に販売されることを前提とすると，親会社から商社への売上は企業集団の経済的実態を適切に反映したものではないことから，連結財務諸表上は連結会社相互間の取引とみなして相殺消去が行われます。ただし，商社に対する債権債務に関しては，企業集団外部との債権債務として発生しているため，相殺消去の対象にはなりません。この連結仕訳を示したのがパターンⅠ－2－6となります。

パターンⅠ－2－6	連結会社以外の会社を通して行う取引の相殺消去

[前提条件]
① 親会社P社から商社B社を経由して連結子会社A社に商品を販売し，その後，当該商品は企業集団外に販売されています。
② 親会社P社の個別P/LおよびB/Sの勘定科目残高は，商社B社への売上に対応するものです。
③ 連結子会社A社の個別P/LおよびB/Sの勘定科目残高は，商社B社からの仕入に対応するものです。
④ 商社は，親会社P社および連結子会社A社の取引の仲介のみを業務としており，親会社P社からの商品はすべて連結子会社A社に販売されます。
⑤ その他の勘定科目や前提条件は考慮しません。

[取引関係図]

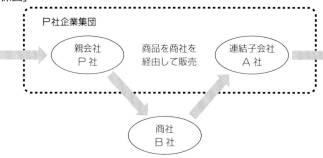

前提条件④により，実質的に連結会社間の取引とみなされる

[各社の個別 F/S]

P社個別 P/L	
	売　上　高　(*1)700

A社個別 P/L	
売上原価　(*2)800	

P社個別 B/S	
売　掛　金　700	

A社個別 B/S	
	買　掛　金　　800

[連結仕訳]

＜取引高の相殺消去＞

(借)　売　　上　　高　(*1)700	(貸)　売　上　原　価　(*2)700

＜債権と債務の相殺消去＞

仕訳なし

(注)　連結子会社 A 社個別 P/L の売上原価が800に対して，相殺消去する金額は700となっています が，この差額は商社 B 社の利益相当分となります。当該利益は企業集団外の B 社の利益となることから，相殺消去の対象とはなりません。また，債権債務についても相殺消去は行いません。

③　連結相殺消去と勘定科目の振替仕訳の調整

　昨今の企業集団の事業形態には，企業集団の広告宣伝部門や管理部門を担っている会社を別途設けている場合があります。また，持株会社形態を採用して

いる場合や，連結子会社に経理業務の専門会社のようなシェアードサービスセンターを設けている企業集団もあります。企業集団がこのような事業形態を採用している場合，連結会社相互間の取引の相殺消去のほかに，連結財務諸表上における勘定科目の振替仕訳が必要となる場合があります。

　例えば，企業集団の中に各連結会社の経理業務のアウトソーシングを受ける連結子会社Ａ社がある場合を想定します。当該会社は経理業務のアウトソーシングが主たる業務となるため，当該業務収入は売上高に計上され，対応する人件費や直接経費等が売上原価に計上されています。一方で，親会社Ｐ社では，連結子会社Ａ社へのアウトソーシング費用が，業務委託費等の勘定科目で販売費及び一般管理費に計上されています。この場合，連結会社相互間の取引として，売上高と業務委託費を相殺消去するとともに，Ａ社で売上原価に計上されていた人件費や直接経費等を販売費及び一般管理費に振り替えることが考えられます。

　これは，Ａ社の売上原価に計上されていた人件費や直接経費等は，企業集団を1つの会社と捉えた場合，当該企業集団の経理部門の費用に他ならないからです。つまり，Ａ社の個別財務諸表上では，経理業務のアウトソーシングに関する費用は売上原価に計上されていますが，連結財務諸表上では，Ａ社は企業集団の一般管理活動しか行っていないため，当該人件費や直接経費は販売費及び一般管理費に計上されることとなります。

　このように，連結会社相互間の取引の相殺消去のほかに，企業集団の経済的実態を反映させるための勘定科目の振替仕訳が必要となる場合があります。この連結仕訳を示したのがパターンⅠ－2－7となりますが，この振替パターンはあくまでも例示となるため，企業集団の経済的実態を反映した振替処理が必要となります。

パターンⅠ－2－7　　相殺消去と勘定科目の振替仕訳の調整

[前提条件]
① 親会社Ｐ社は，連結子会社Ａ社に対して経理業務をアウトソーシングしています。
② 連結子会社Ａ社は，経理業務の受託を主たる事業としています。
③ 連結子会社Ａ社の売上原価は，経理受託業務の売上高に対するもの（人件費など）です。

④　各社の個別 B/S および個別 P/L の勘定科目残高は，親会社 P 社および連結子
　会社 A 社間の取引により発生したものです。
⑤　その他の勘定科目や前提条件は考慮しません。

[取引関係図]

[各社の個別 F/S]

	P社個別 P/L
業務委託費 (※1)1,200	

	A社個別 P/L	
売上原価 (※2)1,000	売　上　高 (※3)1,200	

	P社個別 B/S
	未　払　金 (※4)100

	A社個別 B/S
売　掛　金 (※5)100	

[連結仕訳]

＜取引高の相殺消去＞

(借)　売　　上　　高	(※3)1,200	(貸)　業　務　委　託　費	(※1)1,200

＜債権と債務の相殺消去＞

(借)　未　　払　　金	(※4)100	(貸)　売　　掛　　金	(※5)100

＜勘定科目の振替仕訳＞

(借)　販　売　費　及　び 　　　一　般　管　理　費	(※2)1,000	(貸)　売　上　原　価	(※2)1,000

(※2)　販売費及び一般管理費の対応する勘定科目に振り替えます。

④　未達取引の調整

　連結会社相互間の取引について相殺消去を行う場合，対象会社同士の取引が

一致していない状況として未達取引があります。一般的に未達取引とは，連結会社相互間の取引について，一方の会社では仕訳が計上されていますが，もう一方の会社では仕訳が計上されていない取引をいいます。

　未達取引は期末日直前の取引で発生する場合が多く，例えば，親会社が連結子会社に期末日直前で商品を販売した場合，親会社では出荷基準[1]により売上計上されているものの，連結子会社は当該商品の検収が終わっていないため，仕入計上されていない場合に起こります。

　この場合，親会社の売上高と連結子会社の仕入高が一致していないため，連結仕訳のなかで，連結子会社の決算に未達取引を反映させてから，連結会社相互間の取引の相殺消去を行います。この連結仕訳を示したものがパターンⅠ−2−8となります。

パターンⅠ−2−8 / 未達取引の調整と相殺消去

[前提条件]
① 　親会社Ｐ社は，連結子会社Ａ社に対して商品を販売しています。
② 　親会社Ｐ社は，期末日直前にＡ社に商品を出荷しました。親会社Ｐ社は出荷基準により売上計上しています。
③ 　連結子会社Ａ社は，商品を検収基準により仕入計上していますが，親会社の出荷は期末日直前であったことから，検収が間に合わず，700が仕入計上されていません。
④ 　各社の個別Ｂ/Ｓおよび個別Ｐ/Ｌの勘定科目残高は，親会社Ｐ社および連結子会社Ａ社間の取引により発生したものです。
⑤ 　その他の勘定科目や前提条件は考慮しません。

[取引関係図]

1　企業会計基準第29号「収益認識に関する会計基準」第39項および第40項において，一時点で充足される履行義務の考え方が整理されました。これに伴い，出荷基準による売上計上は，一定の条件を満たした場合に限定されていることにご留意ください（企業会計基準適用指針第30号「収益認識に関する会計基準の適用指針」98項）。

[各社の個別 F/S]

P社個別 P/L		A社個別 P/L	
売 上 高 (*1)2,500		売 上 原 価　1,800	

> 700が仕入計上されていない

> 連結決算で仕入計上する
> （未達取引として調整）

P社個別 B/S		A社個別 B/S	
売 掛 金 (*2)1,000		買 掛 金　300	

[連結仕訳]

＜個別修正仕訳（未達取引の調整）＞

（借）	売上原価(仕入高)	(*3)700	（貸）	買　掛　金	(*3)700
（借）	商　　　　品	(*4)700	（貸）	売 上 原 価	(*4)700
				（期末商品棚卸高）	

（※3）　700……前提条件③参照
（※4）　700……未達取引として仕入計上しているため棚卸資産に振替え

＜取引高の相殺消去＞

（借）	売　上　高	(*1)2,500	（貸）	売上原価(仕入高)	(*5)2,500

（※5）　2,500＝1,800（A社売上原価）＋700（未達取引）

＜債権と債務の相殺消去＞

（借）	買　掛　金	(*6)1,000	（貸）	売　掛　金	(*2)1,000

（※6）　1,000＝300（A社買掛金）＋700（未達取引）

＜未実現損益の消去＞

（借）	売 上 原 価	(*7)××××	（貸）	商　　　品	(*7)××××

（※7）　期末の棚卸資産について，未実現利益の消去を行いますが，この消去については後記
　　　　第3章で解説します。

[翌連結会計年度の開始仕訳]

＜開始仕訳（未実現損益の調整）＞

（借）	利益剰余金期首残高	(*8)××××	（貸）	商　　　品	(*8)××××

（※8）　未実現利益の繰越し（詳細は後記第3章で解説）

⑤　決算日の異なる会社の取扱い

　決算日の異なる連結会社間の取引について相殺消去を行う場合，後記「第6章3　決算日および期ズレ全般」をご参照ください。なお，重要な不一致について調整する場合は，概ね未達取引と同様の調整となります。

3 ┃ 設例による連結精算表の作り方

　連結会社相互間の取引および債権と債務の相殺消去の考え方と調整方法については前記「2　取引高および債権と債務の相殺消去の処理方法」で解説したとおりですが，ここでは，連結精算表上での実際の調整方法について解説します。

(1)　基本的な相殺消去のパターン

　この設例では，基本的な相殺消去と貸倒引当金の調整を取り扱います。なお，前提条件はパターンⅠ－2－1とパターンⅠ－2－4（貸付金の調整は除きます。）と同様です。

設例Ⅰ－2－1　　基本的な相殺消去

[前提条件]
① 　親会社P社は，連結子会社A社に対して商品を販売しています。なお，期末日現在，親会社P社および連結子会社A社に商品は残っていません。
② 　親会社P社は連結子会社A社に対する債権について，一般債権として貸倒引当金を設定しています。なお，貸倒実績率は2％とします。
③ 　親会社P社および連結子会社A社の連結会社相互間の取引高は，以下のとおりです。

◇親会社P社

相手先会社	売上高	売掛金
連結子会社A社	700	200

◇連結子会社A社

相手先会社	仕入高	買掛金
親会社P社	700	200

④ 　連結精算表上の各社の数字は所与とします。

⑤　その他の勘定科目や前提条件は考慮しません。

[連結精算表]
46〜47頁に掲載しています。

[連結精算表上の調整内容]
1. 全般事項
連結会社相互間の取引および債権と債務の相殺消去であるため，連結仕訳の債権債務相殺消去および取引高相殺消去の項目を使用します。

2. 個別事項
＜＊Ａ＞……該当する勘定科目から連結相殺消去金額を控除
＜＊Ｂ＞……該当する勘定科目から連結相殺消去金額を控除
＜＊Ｃ＞……連結子会社に対する債権が相殺消去されているため，対応する貸倒引当金を調整

[連結仕訳]
＜債権と債務の相殺消去＞

| (借) 買　掛　金 | ＜＊Ａ＞200 | (貸) 売　掛　金 | ＜＊Ａ＞200 |

＜取引高の相殺消去＞

| (借) 売　上　高 | ＜＊Ｂ＞700 | (貸) 売 上 原 価 | ＜＊Ｂ＞700 |

＜貸倒引当金の調整＞

| (借) 貸倒引当金(流動) | ＜＊Ｃ＞4 | (貸) 貸倒引当金繰入額 (販　管　費) | ＜＊Ｃ＞4 |

⑵　特殊な相殺消去のパターン（その１）

　この設例では，特殊な相殺消去と科目振替の調整を取り扱います。なお，前提条件はパターンⅠ－2－7と同様です。

設例Ⅰ－2－2　　相殺消去と科目振替

[前提条件]
①　親会社 P 社は，連結子会社 A 社に対して経理業務のアウトソーシングを行って

[設例Ⅰ－2－1の連結精算表]

項目	精算表勘定科目	親会社 P 社	子会社 A 社	単純合算表
連結 B/S	売掛金	1,000	800	1,800
	貸倒引当金（流動）	△50	△10	△60
	流動資産合計	950	790	1,740
	買掛金	800	600	1,400
	流動負債合計	800	600	1,400
連結 P/L	売上高	8,000	5,000	13,000
	売上原価	6,400	4,000	10,400
	売上総利益	1,600	1,000	2,600
	貸倒引当金繰入額（販管費）	50	5	55
	販売費及び一般管理費合計	50	5	55
	営業利益	1,550	995	2,545

（※1）および（※2）　200……前提条件③参照（売掛金および買掛金）
（※3）および（※4）　700……前提条件③参照（売上高および仕入高）
（※5）　4＝200（売掛金相殺金額）×2％（貸倒実績率）

個別修正仕訳後合算表	連結修正仕訳		連結修正仕訳合計	連結精算表合計
	債権債務・取引高，未実現関係			
	債権債務相殺消去	取引高相殺消去		
1,800	(※1) △200		△200	1,600
△60	(※5) 4		4	△56
1,740	△196	0	△196	1,544
1,400	(※2) △200	＜＊A＞	△200	1,200
1,400	△200	0	△200	1,200
13,000		(※3) △700	△700	12,300
10,400		(※4) △700 ＜＊B＞	△700	9,700
2,600	0	0	0	2,600
55	(※5) △4	＜＊C＞	△4	51
55	△4	0	△4	51
2,545	4	0	4	2,549

債権債務相殺消去の項目を使用　　取引高相殺消去の項目を使用

　　　います。
②　連結子会社 A 社は，経理業務の受託を主たる事業としています。
③　連結子会社 A 社の売上原価は，受託業務に関連した人件費となります。
④　親会社 P 社および連結子会社 A 社の連結会社相互間の取引高は，以下のとおり
　　です。
◇親会社 P 社

相手先会社	業務委託費	未払金
連結子会社 A 社	1,200	100

◇連結子会社 A 社

相手先会社	売上高	売掛金
親会社 P 社	1,200	100

⑤　連結子会社 A 社で計上されている親会社 P 社に対する売上高に関連した売上原
　　価は1,000（内訳：給与手当850・法定福利費150）とします。
⑥　連結精算表上の各社の数字は所与とします。
⑦　その他の勘定科目や前提条件は考慮しません。

[連結精算表]
　50〜51頁に掲載しています。

[連結精算表上の調整内容]
１．全般事項
　連結会社相互間の取引および債権と債務の相殺消去であるため，連結修正仕訳の債
権債務相殺消去および取引高相殺消去の項目を使用します。また，連結子会社 A 社で
相殺された売上高に対する売上原価を販売費及び一般管理費に振り替えるため，ここ
では連結組替の項目を使用します。

２．個別事項
＜＊A＞……該当する勘定科目から連結相殺消去金額を控除
＜＊B＞……該当する勘定科目から連結相殺消去金額を控除
＜＊C＞……親会社 P 社に対する売上高が相殺消去されているため，売上原価を販
　　　　　　売費及び一般管理費の対応する勘定科目に振替（親会社 P 社企業集団
　　　　　　の観点からは，連結子会社 A 社は一般管理活動である経理業務を担っ
　　　　　　ているため）

[連結仕訳]
＜債権と債務の相殺消去＞

（借）　未　　払　　金　　＜＊A＞100	（貸）　売　　掛　　金　　＜＊A＞100

＜取引高の相殺消去＞

(借)	売　　上　　高	<*B>1,200	(貸)	業　務　委　託　費	<*B>1,200

＜勘定科目の振替仕訳＞

(借)	給　与　手　当	<*C>850	(貸)	売　上　原　価	<*C>1,000
	法　定　福　利　費	<*C>150			

⑶　特殊な相殺消去のパターン（その2）

　この設例では，未達取引の調整と相殺消去を取り扱います。なお，前提条件はパターンI－2－8と同様です。

設例I－2－3　　未達取引と相殺消去等

[前提条件]

① 　親会社P社は，連結子会社A社に対して商品を販売しています。

② 　親会社P社および連結子会社A社において認識している連結会社相互間の取引は，以下のとおりです。

◇親会社P社……商品を出荷基準で売上計上

相手先会社	売上高	売掛金
連結子会社A社	2,500	1,000

◇連結子会社A社……商品を検収基準で仕入計上

相手先会社	仕入高	買掛金
親会社P社	1,800	300

③ 　親会社P社は期末日直前に連結子会社A社に商品700を出荷しましたが，連結子会社A社において検収が間に合わず，仕入計上が行われていません。このため，連結会社相互間において未達取引が発生しています。

④ 　未達取引以外の商品については，連結子会社A社から外部取引先にすべて販売されています。なお，未達取引の商品700に係る未実現利益は70とします。

⑤ 　連結精算表上の各社の数字は所与とします。

⑥ 　その他の勘定科目や前提条件は考慮しません。

[連結精算表]

　52～53頁に掲載しています。

[設例Ⅰ－2－2の連結精算表]

項目	精算表勘定科目	親会社 P社	子会社 A社	単純合算表
連結B/S	売掛金	1,000	800	1,800
	流動資産合計	1,000	800	1,800
	未払金	800	600	1,400
	流動負債合計	800	600	1,400
連結P/L	売上高	12,000	8,000	20,000
	売上原価	8,000	5,000	13,000
	売上総利益	4,000	3,000	7,000
	給料手当	1,500	1,000	2,500
	法定福利費	175	150	325
	業務委託費	1,500	300	1,800
	販売費及び一般管理費合計	3,175	1,450	4,625
	営業利益	825	1,550	2,375

（※1）および（※2）　100……前提条件④参照（売掛金および未払金）
（※3）および（※4）　1,200……前提条件④参照（売上高および業務委託費）
（※5）　1,000……前提条件⑤参照（相殺消去された売上高に対する売上原価の勘定科目振替）
（※6）　850……前提条件⑤参照（相殺消去された売上高に対する売上原価の勘定科目振替）
（※7）　150……前提条件⑤参照（相殺消去された売上高に対する売上原価の勘定科目振替）

個別修正仕訳後合算表	連結修正仕訳				連結修正仕訳合計	連結精算表合計
	債権債務・取引高，未実現関係		連結組替その他			
	債権債務相殺消去	取引高相殺消去				
1,800	(※1) △100				△100	1,700
1,800	△100	0		0	△100	1,700
1,400	(※2) △100	<＊A>			△100	1,300
1,400	△100	0		0	△100	1,300
20,000		(※3) △1,200			△1,200	18,800
13,000			(※5) △1,000		△1,000	12,000
7,000	0	△1,200	1,000		△200	6,800
2,500			(※6) 850		850	3,350
325			(※7) 150	<＊C>	150	475
1,800		(※4) △1,200	<＊B>		△1,200	600
4,625	0	△1,200	1,000		△200	4,425
2,375	0	0	0		0	2,375

債権債務相殺消去の項目を使用　　取引高相殺消去の項目を使用　　連結組替の項目を使用

［設例Ⅰ－2－3の連結精算表］

項目	精算表勘定科目	親会社 P社	子会社 A社	単純合算表	個別修正仕訳 期ズレ調整仕訳 未達取引	個別修正 仕訳合計
連結B/S	売掛金	2,500	2,000	4,500		0
	商品及び製品	500	300	800	(※1) 700	700
	流動資産合計	3,000	2,300	5,300	700	700
	買掛金	1,000	800	1,800	(※2) 700 ＜＊A＞	/00
	流動負債合計	1,000	800	1,800	700	700
連結P/L	売上高	10,000	8,000	18,000		0
	売上原価	9,000	6,000	15,000		0
	売上総利益	1,000	2,000	3,000	0	0

（※1）および（※2）　700……前提条件③参照（未達取引の反映）
（※3）　1,000……前提条件②参照
（※4）　1,000＝700（未達取引）＋300（前提条件②参照）
（※5）　2,500……前提条件②参照
（※6）　2,500＝700（未達取引）＋1,800（前提条件②参照）
（※7）および（※8）　70……前提条件④参照（詳細は後記第6章で解説）

未達取引の項目を
使用

個別修正仕訳後合算表	連結修正仕訳			連結修正仕訳合計	連結精算表合計
	債権債務・取引高, 未実現関係				
	債権債務相殺消去	取引高相殺消去	未実現損益調整		
4,500	(*3) △1,000			△1,000	3,500
1,500			(*7) △70	△70	1,430
6,000	△1,000	0	△70	△1,070	4,930
2,500	(*4) △1,000 <*B>			△1,000	1,500
2,500	△1,000	0	0	△1,000	1,500
18,000		(*5) △2,500		△2,500	15,500
15,000		(*6) △2,500 <*C>	(*8) 70 <*D>	△2,430	12,570
3,000	0	0	△70	△70	2,930

 債権債務相殺消去の項目を使用

 取引高相殺消去の項目を使用

 未実現損益調整の項目を使用

［連結精算表上の調整内容］

1．全般事項

　連結会社相互間で未達取引が発生している場合，債権と債務および取引の相殺消去金額が一致しないため，個別修正仕訳の未達取引の項目を使用します。この後，連結会社相互間の取引および債権と債務の相殺消去として，連結修正仕訳の債権債務相殺消去および取引高相殺消去の項目を使用します。

　さらに，当該未達取引は，連結子会社 A 社の商品在庫として処理されているため，未実現利益の消去として，連結修正仕訳の未実現損益調整の項目を使用します。なお，未実現利益の調整については後記第 3 章で解説しますので，金額の算定方法および仕訳処理については省略します。

2．個別事項

＜＊A＞……未達取引を加算
＜＊B＞……該当する勘定科目から連結相殺消去金額を控除
＜＊C＞……該当する勘定科目から連結相殺消去金額を控除
＜＊D＞……未実現利益の消去

［個別修正仕訳］

＜未達取引の調整（連結子会社 A 社での発生として処理)＞

(借)	売上原価(仕入高)	＜＊A＞700	(貸)	買　　掛　　金	＜＊A＞700
(借)	商　　　　　品	＜＊A＞700	(貸)	売　上　原　価	＜＊A＞700
				(期末商品棚卸高)	

［連結仕訳］

＜債権と債務の相殺消去＞

(借)	買　　掛　　金	＜＊B＞1,000	(貸)	売　　掛　　金	＜＊B＞1,000

＜取引高の相殺消去＞

(借)	売　　上　　高	＜＊C＞2,500	(貸)	売上原価(仕入高)	＜＊C＞2,500

＜未実現損益の消去＞

(借)	売　上　原　価	＜＊D＞70	(貸)	商　　　　　品	＜＊D＞70

4 実務上の留意事項等

　連結会社相互間の債権と債務および取引の相殺消去について，連結会社相互間で認識されている取引金額が一致する場合には，相殺消去に係る作業負担は少ないものと考えられます。しかしながら，実務上は各連結会社で認識されている取引金額が相手会社と一致しない場合もあり得ます。ここでは，連結会社相互間で取引金額が一致しない理由と，実務上一般的に行われている対処方法について解説します。

(1)　連結会社相互間で取引金額が一致しない理由

　連結会社相互間で取引金額が一致しないケースとして，図表Ⅰ－2－4および図表Ⅰ－2－5が考えられます。

図表Ⅰ－2－4	取引金額が一致しないケース（単純誤りの場合）
項　目	内　容
決算数値の誤り	①通常の取引に関する仕訳の誤り ②決算整理仕訳の誤り　等
取引金額の集計誤り	①相手先別の取引金額の集計誤り ②連結パッケージ(注)等への入力誤り　等

（注）　連結パッケージとは，連結財務諸表を作る上で連結会社から必要な情報を収集するための資料の総称である。詳細については後記「第Ⅱ部第1章1　連結パッケージとは」で解説する。

図表Ⅰ－2－5	取引金額が一致しないケース（要因がある場合）
項　目	内　容
会計処理の相違	①重要性の低い国内連結子会社において，いわゆる「税務会計」による会計処理を採用
未達取引の存在	①連結会社間での取引の認識の相違
連結会社間の決算日の相違(注1)	①連結決算日と連結子会社の決算日が相違 ②連結子会社同士の決算日の相違
換算レートの相違(注2)	①実務上採用する換算レートの相違

（注1）　決算日の相違については，後記「第6章3　決算日および期ズレ全般」で解説する。
（注2）　換算レートの相違は，在外子会社との取引を想定しているが，詳細については後記「第6章2　外貨換算に関する会計処理の概要」で解説する。

　以上のように，連結会社の決算誤りや取引金額の集計誤り等の単純ミスによるものから，各社の財務諸表上は正規の会計処理が行われているものの，連結財務諸表を作成する過程のなかで，必然的に発生するものがあります。

⑵　連結会社相互間で取引金額が一致しない場合の調整方法

①　基本的な考え方

　連結会社相互間で取引金額が一致しない場合，差異の理由を検証するとともに，差異の金額を減らすことが必要となります。この段階で，差異の理由が明確な場合には，必要な調整と相殺消去を行います。

　しかし，実務上はすべての不一致について，差異の金額がゼロになるまで検証することは必ずしも行われていません。また，不一致の金額自体が僅少な場合には，はじめから差異の調査を行わず，簡便的に調整することも考えられます。これは，連結財務諸表を作成するにあたり，利害関係者の判断を誤らせない程度の範囲において，重要性の原則が適用されるためです（連結会計基準（注1））。したがって，連結会社相互間で認識されている取引金額に不一致がある場合，重要性の原則により実務上は簡便的な処理が許容されています。

②　不一致がある場合の調整方法

　不一致がある場合，一般的には図表Ⅰ－2－6のような手順により，連結会社相互間の相殺消去が行われます。

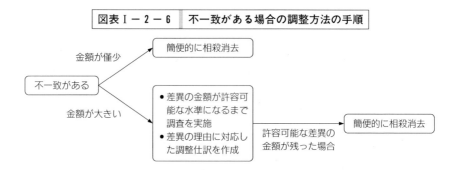

図表Ⅰ－2－6　　不一致がある場合の調整方法の手順

　図表Ⅰ－2－6のとおり，差異の金額が許容可能な水準になるまで分析と調査を行い，不明な差異金額が当該水準になった段階で簡便的な相殺消去を行う

こととなります。このため，許容可能な金額と簡便的な処理について，あらかじめ適切なルールを作成しておく必要があります。

(i)　許容可能な金額

　不一致の金額が許容可能な水準の場合，簡便的な処理を行うこととなりますが，当該金額は対象会社の規模に影響を受けると考えられます。また，連結子会社間の相殺消去の場合，相殺消去する絶対値が小さいことも考えられますので，親会社と連結子会社間の相殺消去と連結子会社同士の相殺消去で許容する金額を変えている場合も考えられます。

　いずれにせよ，重要性の原則に従い，利害関係者の判断を損なわない程度の金額水準を決定する必要があります。

(ii)　相殺消去の簡便的な処理方法とそのルール

　不一致の金額に重要性がない場合，簡便的な相殺消去を行います。簡便的な相殺消去とは，連結会社相互間で認識されているどちらか一方の金額に合わせて相殺消去を行う処理となります。このルールについては，実務上は以下が考えられますが，企業集団および連結子会社の経済的実態に合わせて，事前に検討する必要があります。

- 親会社の金額に合わせて相殺消去を行う方法
- 売上および役務提供サイドに合わせて相殺消去を行う方法
- 取引およびセグメントの属性に合わせて相殺消去を行う方法
- 連結子会社間の相殺消去の場合，決算財務報告プロセスの内部統制が充実している会社の取引金額を優先する方法
- 親会社の過去の経験から，決算精度の高い会社の取引金額を優先する方法

(iii)　簡便的な相殺消去の処理方法

　簡便的な相殺消去の場合，以下のような処理方法となります。

設例 I－2－4　　**不一致がある場合の簡便的な相殺消去の処理方法**

[前提条件]
① 　親会社 P 社は，連結子会社 A 社に対して商品を販売しています。なお，期末日

現在，親会社 P 社および連結子会社 A 社に商品は残っていません。

② 親会社 P 社および連結子会社 A 社の連結会社相互間の取引金額は，以下のとおりです。

◇親会社 P 社

相手先会社	売上高	売掛金
連結子会社 A 社	700	200

◇連結子会社 A 社

相手先会社	仕入高	買掛金
親会社 P 社	650	180

③ 連結会社相互間の債権債務および取引金額が不一致の場合，以下のルールを採用しています。

- 許容可能な不一致の金額は，債権債務については100，取引については500未満とする（ルールその1）。
- 不一致の金額が許容可能なものと判断された場合，親会社と連結子会社間の取引については，親会社の金額を優先する（ルールその2）。

④ その他の勘定科目や前提条件は考慮しません。

[解説]

親会社 P 社と連結子会社 A 社でそれぞれ認識している取引金額に不一致はあるものの，前提条件③のルールその1の金額未満であることから，親会社 P 社で認識している取引金額（前提条件③のルールその2）で相殺消去を行います。

[連結仕訳]

＜債権と債務の相殺消去＞

(借) 買 掛 金	(※1)200	(貸) 売 掛 金	(※1)200

(※1)　200……前提条件②の親会社の金額を採用

＜取引高の相殺消去＞

(借) 売 上 高	(※2)700	(貸) 売 上 原 価	(※2)700

(※2)　700……前提条件②の親会社の金額を採用

(iv) **不一致の調査方法とポイント**

調査対象となる会社の事業規模が大きい場合や，連結子会社間の取引の調査となる場合，親会社による調査が難しい場合も想定されます。差異が継続して

発生している場合には，以下の分析方法の例示をご参照ください。

- 連結会社の会計処理と取引実態の把握
- 過去の差異調整の事前分析
- 不一致が発生する会社が想定される場合，事前に月次で調整内容を把握

5 連結精算表を作成するための補助資料

　連結子会社が少ない場合，連結精算表に相殺消去の金額を直接入力することも考えられますが，連結子会社が複数あり，連結会社相互間の取引および債権と債務の相殺消去の調整過程が複雑な場合には，連結精算表に相殺消去金額を直接入力する前に，図表Ⅰ－2－7のような資料で連結会社から集められた情報を管理することが有用です。

図表Ⅰ－2－7 | 取引高および債権と債務の

連結会社	対象	対象会社	勘定科目	金額	対象会社	勘定科目	金額	差異金額	結果	調整	
					1次調整						
P社対A社	B/S	P社	売掛金	100	A社	買掛金	90				
		P社	未収入金	50	A社	未払金	30				
					A社	未払費用	30				
				150			150	0	一致	不要	
P社対A社	P/L	P社	売上	1,400	A社	売上原価	900				
		P社	雑収入	100	A社	業務委託費	200				➡
					A社	消耗品費	100				
				1,500			1,200	300	不一致	必要	
P社対B社	B/S	P社	売掛金	300	B社	買掛金	80				
		P社	未収入金	100	B社	未払金	20				➡
				400			100	300	不一致	必要	
P社対B社	P/L	P社	売上	2,000	B社	売上原価	2,000				
		P社	雑収入	500	B社	業務委託費	200				➡
				2,500			2,200	300	不一致	必要	

相殺消去管理表のサンプル（数字は参考例）

連結会社	対象	対象会社	勘定科目	金額	対象会社	勘定科目	金額	差異金額	結果	再調整	調整結果
			2次調整								
P社対A社	P/L	P社	売上	1,400	A社	売上原価	900				
		P社	雑収入	100	A社	業務委託費	200				
					A社	消耗品費	100				
					A社	修繕費	300				A社の集計漏れが判明
				1,500			1,500	0	一致	不要	
P社対B社	B/S	P社	売掛金	100	B社	買掛金	80				
		P社	未収入金	300	B社	未払金	20				
					B社	未払費用	250				B社の計上漏れが判明
				400			350	50	不一致	不要	金額僅少のためこれ以上調査せず
P社対B社	P/L	P社	売上	2,000	B社	売上原価	2,000				
		P社	雑収入	500	B社	業務委託費	200				
					B社	消耗品費	250				B社の計上漏れが判明
				2,500			2,450	50	不一致	不要	金額僅少のためこれ以上調査せず

第3章

未実現損益の消去

　第2章では，連結会社相互間の取引高および債権と債務の相殺消去について
解説しましたが，本章では，連結会社相互間の取引において，棚卸資産や固定
資産に利益を付して取引を行った場合について解説します。基本的には，取引
高および債権と債務の相殺消去と同様に，連結会社相互間の取引で発生した利
益を消去することになりますが，棚卸資産と固定資産で消去方法が相違する点
や，消去後の取扱いにも留意が必要です。

1 未実現損益の消去の必要性

　前記「第2章1　相殺消去の必要性」において解説したとおり，連結財務諸
表は企業集団を単一の組織体とみなして，その経済的実態を総合的に報告する
ために作成されるものです。このため，連結会社相互間の取引は，企業集団の
観点からはあたかも一事業部門内の取引のように考えられることから，相殺消
去される必要があります。同じように，連結会社相互間で発生した取引に付さ
れた利益についても，企業集団の観点からは，いまだ実現していない利益であ
ることから，連結財務諸表上は消去される必要があります。
　このことから，連結会社相互間で発生した取引に付された利益は未実現利益
と呼ばれ，連結財務諸表上では消去されています。この関係を示したものが，
図表Ⅰ－3－1となります。
　図表Ⅰ－3－1のとおり，固定資産（例：土地）に利益を付して連結会社に
売却した場合，当該取引から発生した利益を消去しないことは，親会社の作成
する連結財務諸表に，対外的な経済活動により発生した利益以外の内部利益が
計上されることを意味します。このため，企業集団の経済的実態を適切に反映

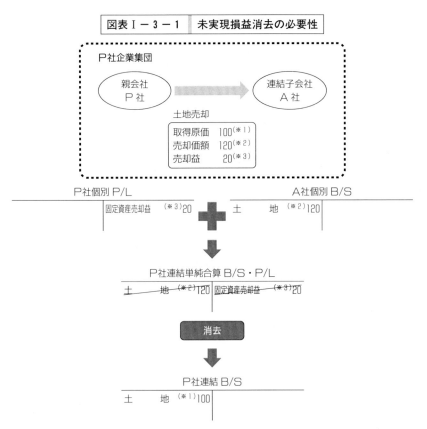

図表 I － 3 － 1　未実現損益消去の必要性

P社企業集団

親会社　　　　　　　　　　連結子会社
P 社　　　　　　　　　　　A 社

土地売却

取得原価　100 (*1)
売却価額　120 (*2)
売却益　　 20 (*3)

P社個別 P/L　　　　　　　　　　　A社個別 B/S

固定資産売却益　(*3)20　　　土　　地　(*2)120

P社連結単純合算 B/S・P/L

土　　地 (*2) 120　固定資産売却益 (*3) 20

消去

P社連結 B/S

土　　地 (*1) 100

させるために，連結会社相互間の取引により発生した未実現利益は消去される
こととなります。

2 未実現損益の消去の処理方法

(1) 基本的な未実現損益の消去

　前記「1　未実現損益の消去の必要性」で解説したとおり，連結会社相互間
の取引によって取得した棚卸資産，固定資産その他の資産に含まれる未実現利
益は，その全額が消去されますが（連結会計基準36項），棚卸資産と固定資産
では未実現利益の消去の処理方法が異なるとともに，親会社から子会社への取
引と，子会社から親会社（または子会社）への取引でも処理方法が相違する場

	固定資産(非償却性資産)	固定資産(償却性資産)	棚卸資産
ダウンストリーム	非償却性資産のダウンストリーム (パターンⅠ－3－1)	償却性資産のダウンストリーム (パターンⅠ－3－2)	棚卸資産のダウンストリーム (パターンⅠ－3－3)
アップストリーム	非償却性資産のアップストリーム(※)	償却性資産のアップストリーム (パターンⅠ－3－5)	棚卸資産のアップストリーム (パターンⅠ－3－4)

図表Ⅰ－3－2　未実現損益の消去のパターン

（※）　なお，非償却性資産のアップストリームは，償却性資産のアップストリームの考え方と同様であるため，パターンⅠ－3－5をご参照ください。

合があります。このため，相殺消去のパターンを図表Ⅰ－3－2のように類型化して，そのパターンごとに処理方法（未実現利益が発生した年度と企業集団外の相手先に売却した年度の処理方法）を解説していきます。

　なお，未実現利益の消去において，親会社から子会社への取引は「ダウンストリーム」，子会社から親会社（または子会社）への取引は「アップストリーム」と一般的には呼ばれています。

①　非償却性資産の未実現損益の消去（ダウンストリーム）

　土地のような非償却性資産を親会社から連結子会社に売却した場合，当該取引に係る未実現利益は消去されます。消去された未実現利益は，企業集団外の相手先に売却されるまで連結財務諸表上で繰り越され，企業集団外の相手先に売却された連結会計年度において，繰り越された未実現利益を実現させる処理が行われます。この連結仕訳を示したものがパターンⅠ－3－1となります。

パターンⅠ－3－1　非償却性資産の未実現損益の消去（ダウンストリーム）

[前提条件（連結会社は3月決算を前提）]
①　親会社P社は，X1年4月1日に連結子会社A社に対して，土地（取得原価2,000，売却価額2,200，売却益200）を売却しています。
②　連結子会社A社は，X3年3月31日に企業集団外部のB社に対して，上記①の土地を2,500で売却しています。
③　各社の個別B/Sおよび個別P/Lの勘定科目残高は，P社，A社，B社の取引により発生したものです。
④　その他の勘定科目や前提条件は考慮しません。

[取引関係図]
【X2年3月期】

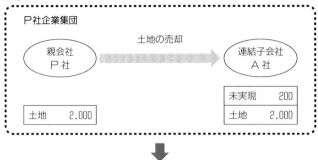

【X3年3月期】

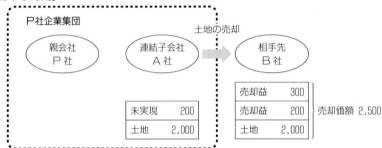

[各社個別 F/S および連結 F/S]
【X2年3月期】

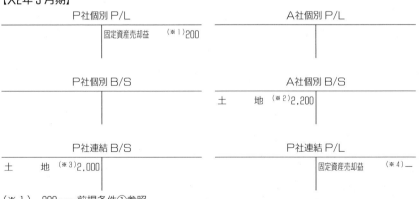

（※1）　200……前提条件①参照
（※2）　2,200……前提条件①参照
（※3）　2,000＝2,200（（※2）参照）－200（未実現利益消去）

（※4）　未実現利益が全額消去

【X3年3月期】

P社個別 P/L		A社個別 P/L	
		固定資産売却益　(※5)300	

P社連結 B/S		P社連結 P/L	
		固定資産売却益　(※6)500	

（※5）　300＝2,500（前提条件②の売却価額）－2,200（A社個別B/Sの土地取得原価（（※2）参照））

（※6）　500＝300（A社個別P/Lの固定資産売却益（（※5）参照））＋200（未実現利益の実現）

［X2年3月期の連結仕訳］
＜未実現損益の消去＞

（借）　固定資産売却益	(※1)200	（貸）　土　　　　　地	(※1)200

　この未実現利益の消去仕訳により，連結財務諸表上の土地は2,000（（※3）参照）が計上され，固定資産売却益は計上されない（（※4）参照）こととなります。なお，この2,000は，親会社P社の個別財務諸表上で計上されていた当初の取得原価となります。

［X3年3月期の連結仕訳］
＜開始仕訳（未実現損益の消去）＞

（借）　利益剰余金期首残高	(※7)200	（貸）　土　　　　　地	(※7)200

（※7）　200……未実現利益仕訳の繰越し

＜未実現損益の実現＞

（借）　土　　　　　地	(※1)200	（貸）　固定資産売却益	(※1)200

　X2年3月期に土地を売却しているため，過年度から繰り越してきた未実現利益を実現させる仕訳が計上されます。この連結仕訳により，連結財務諸表上の固定資産売却益は500（（※6）参照）となります。これは，外部の第三者B社への売却価額2,500（前提条件②参照）と，親会社P社で計上されていた当初の土地の取得原価2,000（前提条件①参照）の差額となります。

② 償却性資産の未実現損益の消去（ダウンストリーム）

　建物や機械装置のような償却性資産を親会社から連結子会社に売却した場合，当該取引に係る未実現利益は消去されますが，未実現利益の消去のほかに，未実現利益に対応した減価償却費の調整を行う必要があります。これは，売却先の個別財務諸表上における償却性資産の取得原価は，売却元の個別財務諸表上の帳簿価額に利益を付した金額となっており，当該金額をもとに売却先の個別財務諸表上における減価償却費が計算されているためです。この関係を示したものが図表Ｉ－３－３となります。

　図表Ｉ－３－３の場合，連結子会社Ａ社の個別財務諸表において，親会社Ｐ社が付した未実現利益400を反映した取得原価2,400をもとに減価償却費240が計算されてしまうため，未実現利益400に相当する減価償却費40を連結仕訳で調整する必要があります。この調整により，連結財務諸表上の減価償却費200が計上されることとなります。

　このように，償却性資産の未実現利益を調整する場合，売却時の未実現利益を消去するほか，未実現利益が付された減価償却費を調整する必要があります。なお，この減価償却費の調整は，一般的には未実現利益の実現と呼ばれており，企業集団外への売却や償却計算の終了等まで継続して行われます。この連結仕訳を示したものがパターンＩ－３－２となります。

図表Ⅰ－3－3	償却性資産の未実現損益に係る償却計算の調整

[前提条件（連結会社は3月決算を前提）]

①　親会社 P 社は，X1年4月1日に連結子会社 A 社に対して，機械装置（取得原価2,000，売却価額2,400，売却益400）を売却しています。

②　親会社 P 社は，X1年4月1日に上記①の機械装置を2,000で購入し，すぐに連結子会社 A 社に売却したものとします。

③　機械装置の減価償却方法は定額法，経済的耐用年数は10年，残存価額はゼロとします。

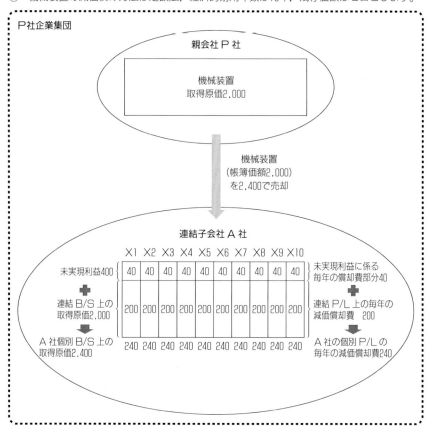

パターンⅠ－3－2	償却性資産の未実現損益の消去（ダウンストリーム）

[前提条件（連結会社は3月決算を前提）]

①　親会社 P 社は，X1年4月1日に連結子会社 A 社に対して，機械装置（取得原価2,000，売却価額2,400，売却益400）を売却しています。

② 親会社 P 社は，X1年 4 月 1 日に上記①の機械装置を2,000で購入し，すぐに連結子会社 A 社に売却したものとします。

③ 機械装置の減価償却方法は定額法，経済的耐用年数は10年，残存額はゼロとします。

④ 連結子会社 A 社は，X3年 3 月31日に企業集団外部の B 社に対して，上記①の機械装置を2,500で売却しています。

⑤ 各社の個別 B/S および個別 P/L の勘定科目残高は，P 社，A 社，B 社の取引により発生したものです。

⑥ その他の勘定科目や前提条件は考慮しません。

[取引関係図]

【X2年 3 月期】

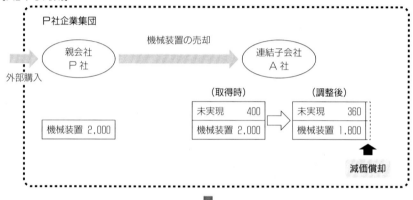

【X3年 3 月期】

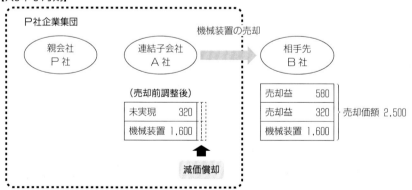

（注）　**減価償却**　の図解の拡大は，図表 I－3－3 を参照

[各社個別 F/S および連結 F/S]

【X2年3月期】

P社個別 P/L	
	固定資産売却益 ^(※1)400

P社個別 P/L
固定資産売却益 ^(※1)400

A社個別 P/L
減価償却費 ^(※2)240

P社個別 B/S

A社個別 B/S
機械装置 ^(※3)2,400 / 減価償却累計額 ^(※2)240

P社連結 B/S
機械装置 ^(※4)2,000 / 減価償却累計額 ^(※5)200

P社連結 P/L
減価償却費 ^(※5)200 / 固定資産売却益 ^(※6)—

(※1) 400……前提条件①参照
(※2) 240＝2,400（A社取得原価（前提条件①参照））÷10（耐用年数（前提条件③参照））
(※3) 2,400……前提条件①参照
(※4) 2,000＝2,400（（※3）参照）－400（未実現利益消去）
(※5) 200＝240（（※2）参照）－40（未実現利益の実現（400（未実現利益消去）÷10（耐用年数）））
(※6) 未実現利益が全額消去

【X3年3月期】

P社個別 P/L

A社個別 P/L
減価償却費 ^(※7)240 / 固定資産売却益 ^(※8)580

P社連結 B/S

P社連結 P/L
減価償却費 ^(※9)200 / 固定資産売却益 ^(※10)900

(※7) 240……（※2）参照
(※8) 580＝2,500（前提条件④参照）－1,920（2,400（B社個別B/S取得原価）－480（240（X2年3月期減価償却費）＋240（X3年3月期減価償却費）））
(※9) 200＝240（（※2）参照）－40（未実現利益の実現（400（未実現利益消去）÷10（耐用年数）））
(※10) 900＝580（A社個別 P/L の固定資産売却益（（※8）参照））＋320（400（当初未実現利益）－40（X2年3月期減価償却費の未実現利益調整）－40（X3年3月期減価償却費の未実現利益調整））

［X2年 3 月期の連結仕訳］

＜未実現損益の消去＞

（借）　固定資産売却益	(※ 1)400	（貸）　機　械　装　置	(※ 1)400

　この未実現利益の消去仕訳により，連結財務諸表上の機械装置は2,000（（※ 4 ）参照）が計上され，固定資産売却益は計上されない（（※ 6 ）参照）こととなります。なお，この2,000は，親会社 P 社の個別財務諸表上で計上されていた当初の取得原価となります。

＜減価償却費の調整＞

（借）　減価償却累計額	(※11)40	（貸）　減 価 償 却 費	(※11)40

（※11）　40＝400（未実現利益）÷10（耐用年数）

　この未実現利益相当の減価償却費を調整することにより，連結財務諸表上の減価償却費200（（※ 5 ）参照）が計上されます。

［X3年 3 月期の連結仕訳］

＜開始仕訳（未実現損益の消去）＞

（借）　利益剰余金期首残高	(※12)360	（貸）　機　械　装　置	(※13)400
減価償却累計額	(※14)40		

（※12）　360……貸借差額
（※13）　400……未実現利益仕訳の繰越し
（※14）　40……減価償却費の修正仕訳の繰越し

　前連結会計年度の未実現利益の消去および減価償却費の修正仕訳は，連結財務諸表上の利益の修正仕訳となるため，開始仕訳として繰り越されます。

＜減価償却費の調整＞

（借）　減価償却累計額	(※15)40	（貸）　減 価 償 却 費	(※15)40

（※15）　40＝400（未実現利益）÷10（耐用年数）

＜未実現損益の実現＞

（借）　機　械　装　置	(※16)400	（貸）　減価償却累計額	(※17)80
		固定資産売却益	(※18)320

（※16）　400……未実現利益の実現
（※17）　80＝40（X2年減価償却費調整）＋40（X3年減価償却費調整）
（※18）　320……貸借差額

　機械装置が企業集団外の B 社に売却されていることから，連結財務諸表上の連結仕訳で調整されてきた未実現利益400（（※16）参照）と減価償却費の調整の取崩し（（※

17) 参照) が行われますが, 両者の差額である320 ((※18) 参照) は, 未実現利益の実現仕訳として固定資産売却益との調整に含められます。この結果, 連結財務諸表上では, 連結子会社 A 社の個別財務諸表上の固定資産売却益580 ((※8) 参照) と未実現利益の実現320 ((※18) 参照) の合計金額である900 (※10) が固定資産売却益として計上されます。

③　棚卸資産の未実現損益の消去 (ダウンストリーム)

　昨今の日本企業の運営形態として, 製品を製造している国内の親会社が, 海外の販売子会社に製品を販売し, グローバルに展開しているケースがあります。

　このような事業形態において, 商品や製品のような棚卸資産を親会社から連結子会社に販売し, その棚卸資産が連結子会社に保有されている場合, 連結会社相互間の取引を相殺消去するとともに, 保有されている棚卸資産に付された利益を消去する必要があります。これは, 連結子会社の個別財務諸表に計上された棚卸資産には, 親会社により付された利益が計上されており, 当該利益は連結会社相互間の取引から発生した未実現利益となるためです。このため, 棚卸資産に付された未実現利益は消去されることになりますが, 当該未実現利益は, 企業集団外に売却された段階で実現することとなります。この連結仕訳を示したものがパターンⅠ-3-3となります。

パターンⅠ-3-3　／　**棚卸資産の未実現損益の消去 (ダウンストリーム)**

[前提条件 (連結会社は3月決算を前提)]
①　親会社 P 社は, X1年4月1日に外部から商品を3,000で仕入れています。
②　親会社 P 社は, X2年3月31日に連結子会社 A 社に対して, 上記①の商品を3,500 (売却益500) で販売しています。
　　このため, 連結子会社 A 社は当該商品を X2年3月31日時点で保有しています。なお, 当該取引に係る債権および債務は決済されています。
③　連結子会社 A 社は, X3年3月31日に企業集団外部の B 社に対して, 上記②の商品を4,000で販売しています。
④　各社の個別 B/S および個別 P/L の勘定科目残高は, P 社, A 社, B 社の取引により発生したものです。
⑤　その他の勘定科目や前提条件は考慮しません。

[取引関係図]
【X2年3月期】

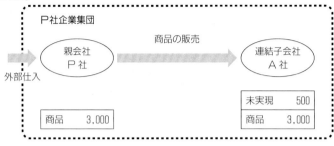

【X3年3月期】

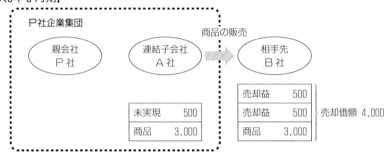

[各社個別F/Sおよび連結F/S]
【X2年3月期】

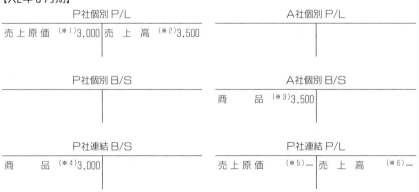

（※1）　3,000……前提条件①参照
（※2）および（※3）　3,500……前提条件②参照
（※4）　3,000＝3,500（（※3）参照）－500（未実現利益消去）
（※5）および（※6）……連結会社相互間の取引により相殺消去

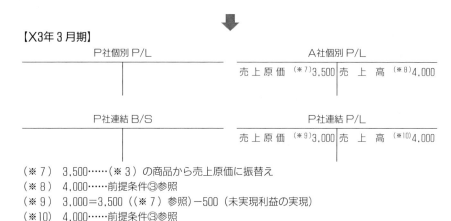

【X3年3月期】

（※7）　3,500……（※3）の商品から売上原価に振替え
（※8）　4,000……前提条件③参照
（※9）　3,000＝3,500（（※7）参照）－500（未実現利益の実現）
（※10）　4,000……前提条件③参照

［X2年3月期の連結仕訳］

＜取引高の相殺消去＞

（借）売　上　高	(※2)3,500	（貸）売　上　原　価	(※2)3,500

＜未実現損益の消去＞

（借）売　上　原　価	(※11)500	（貸）商　　　　品	(※11)500

（※11）　500……前提条件②の売却益

　この未実現利益の消去仕訳により，連結財務諸表上の商品は3,000（※4）が計上されますが，これは親会社P社が外部から仕入れた金額と同額となります。なお，商品の相手勘定は売上原価で調整されますが，これは商品が最終的には損益計算書の売上原価となるためです。

　また，連結財務諸表上の売上原価については，取引の相殺消去と未実現利益の消去仕訳により，全く計上されないこととなります。

［X3年3月期の連結仕訳］

＜開始仕訳（未実現損益の消去）＞

（借）利益剰余金期首残高	(※12)500	（貸）商　　　　品	(※12)500

（※12）　500……未実現利益の繰越し

＜未実現損益の実現＞

（借）商　　　　品	(※13)500	（貸）売　上　原　価	(※13)500

（※13）　500……未実現利益の実現

　X3年３月期に商品が企業集団外部のＢ社に売却されたことにより，X2年３月期に計上された未実現利益の実現仕訳が計上されます。この仕訳により，連結財務諸表上の売上原価は3,000（（※９）参照）となりますが，これは親会社Ｐ社が外部から仕入れた金額と同額となります。

　なお，実務上において，棚卸資産の未実現利益に係る翌連結会計年度の実現仕訳については，開始仕訳として無条件に計上されている場合が多いことが想定されます。これは，通常の営業活動の過程においては，前期の在庫は当期には売却されていることが想定されるためです。また，連結精算表上の観点からは，この実現仕訳については，開始仕訳の項目とする場合のほか，未実現損益の調整項目とする場合もあることにご留意ください。

④　棚卸資産の未実現損益の消去（アップストリーム）

　連結子会社から親会社に棚卸資産を販売した場合，ダウンストリームと同じように未実現利益を消去しますが，販売元の連結子会社に非支配株主が存在する場合には，未実現利益のうち非支配株主持分相当額を非支配株主に負担させるような連結仕訳が必要となります（連結会計基準38項）。

　ここで，非支配株主持分とは，子会社の資本のうち親会社に帰属しない部分と定められており（連結会計基準26項），親会社が連結子会社の議決権比率の100％を保有していない場合に連結財務諸表上に計上されるものです。つまり，議決権比率が100％の場合には，非支配株主持分は連結財務諸表上には計上されず，未実現利益の消去においても，ダウンストリームと同様の連結仕訳のみが計上されることとなります。このため，アップストリームの未実現利益の消去を行う場合には，親会社の連結子会社に対する議決権比率を把握する必要があります。

　この関係を示したものが図表Ｉ－３－４となりますが，非支配株主持分の具体的な処理については後記「第４章　資本連結」で解説します。ここでは，連結子会社に外部株主がいる場合，その持分が連結財務諸表に非支配株主持分として反映されることから，連結子会社で未実現利益が発生した場合には，当該未実現利益についても外部株主である非支配株主に負担させる処理が必要となることをご理解ください。

　この図表の場合，未実現利益のうち，400を親会社が負担し，100を外部株主である非支配株主が負担することとなります。

図表Ⅰ－3－4	非支配株主持分と未実現損益の関係

[前提条件]
① 連結子会社 A 社は親会社 P 社に商品（取得原価3,000，売却価額3,500，売却益500）を販売しています。
② 連結子会社 A 社には外部株主が存在し，議決権比率の20%を保有しています。

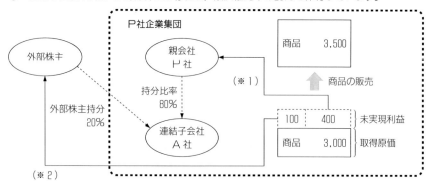

（※1）　400＝500（未実現利益）×80%（親会社の持分比率）➡親会社が負担
（※2）　100＝500（未実現利益）×20%（外部株主の持分比率）➡外部株主である非支配株主が負担

　また，具体的な連結仕訳は，パターンⅠ－3－3の前提条件の一部を変更したパターンⅠ－3－4となります。

パターンⅠ－3－4	棚卸資産の未実現損益の消去（アップストリーム）

[前提条件]
① パターンⅠ－3－3の前提条件と同様としますが，以下の2つを変更および追加します。
② パターンⅠ－3－3の場合，商品を親会社 P 社から連結子会社 A 社に販売していますが，この前提条件では連結子会社 A 社から親会社 P 社に販売したこととします。
③ 親会社 P 社の連結子会社 A 社に対する議決権比率は80%（非支配株主持分比率は20%）とします。

[X2年3月期の連結仕訳]
＜取引高の相殺消去＞

（借）売　上　高	3,500	（貸）売　上　原　価	3,500

＜未実現損益の消去＞

| （借）売上原価 | 500 | （貸）商　　品 | 500 |

＜未実現損益の消去の配分＞

| （借）非支配株主持分 | (※1)100 | （貸）非支配株主に帰属
する当期純利益 | (※1)100 |

（※1）100＝500（未実現利益）×20％（非支配株主持分比率）

　未実現利益の消去の配分では，未実現利益の一部を非支配株主に負担させる調整を行います。非支配株主に連結子会社の利益を負担させる場合，連結貸借対照表科目として非支配株主持分，連結損益計算書科目として非支配株主に帰属する当期純利益を使います。非支配株主持分は，子会社の資本のうち外部株主に帰属する部分であり，連結子会社が利益を計上すれば，対応する外部株主資本相当の増加として，貸方に計上される科目となります。今回は未実現利益の消去となるため，連結子会社が計上した利益の減少という意味で借方に計上されます。

［X3年3月期の連結仕訳］

＜開始仕訳（未実現損益の消去）＞

| （借）利益剰余金期首残高 | 500 | （貸）商　　品 | 500 |
| （借）非支配株主持分 | (※2)100 | （貸）利益剰余金期首残高 | (※2)100 |

（※2）100……非支配株主持分への修正仕訳の繰越し

＜未実現損益の実現＞

| （借）商　　品 | 500 | （貸）売上原価 | 500 |

＜未実現損益の実現の配分＞

| （借）非支配株主に帰属
する当期純利益 | (※3)100 | （貸）非支配株主持分 | (※3)100 |

（※3）100……未実現利益が実現したため，非支配株主持分に負担させた部分も実現仕訳として調整

⑤　償却性資産の未実現損益の消去（アップストリーム）

　連結子会社から親会社に償却性資産を売却した場合，ダウンストリームと同じように未実現利益を消去しますが，販売元の連結子会社に非支配株主が存在する場合，未実現利益のうち非支配株主持分相当額を非支配株主に負担させる

ような連結仕訳が必要となります（連結会計基準38項）。つまり，棚卸資産の
アップストリームの未実現利益の消去および調整と同じように処理することと
なります。ただし，償却性資産の場合，減価償却費の調整に対する非支配株主
持分への調整も必要となります。

　なお，具体的な連結仕訳は，パターンⅠ－3－2の前提条件の一部を変更し
たパターンⅠ－3－5となります。

パターンⅠ－3－5 ／ 償却性資産の未実現損益の消去（アップストリーム）

［前提条件］
① パターンⅠ－3－2の前提条件と同様としますが，以下の2つを変更および追加
　します。
② パターンⅠ－3－2の場合，機械装置を親会社 P 社から連結子会社 A 社に売却
　していますが，この前提条件では連結子会社 A 社から親会社 P 社に売却したこと
　とします。
③ 親会社 P 社の連結子会社 A 社に対する議決権比率は80％（非支配株主持分比率
　は20％）とします。

［X2年3月期の連結仕訳］

＜未実現損益の消去＞

（借）　固定資産売却益	400	（貸）　機 械 装 置	400

＜未実現損益の消去の配分＞

（借）　非支配株主持分	(※1)80	（貸）　非支配株主に帰属	(※1)80
		する当期純利益	

（※1）　80＝400（未実現利益）×20％（非支配株主持分比率）

＜減価償却費の調整＞

（借）　減価償却累計額	40	（貸）　減 価 償 却 費	40

＜減価償却費の調整の配分＞

（借）　非支配株主に帰属	(※2)8	（貸）　非支配株主持分	(※2)8
する当期純利益			

（※2）　8＝40（減価償却費の調整）×20％（非支配株主持分比率）

　未実現利益に係る減価償却費の調整であることから，この調整に対応させて非支配
株主持分への配分を行います。

[X3年3月期の連結仕訳]
＜開始仕訳（未実現損益の消去）＞

| （借） | 利益剰余金期首残高 | 360 | （貸） | 機　械　装　置 | 400 |
| | 減価償却累計額 | 40 | | | |

| （借） | 非支配株主持分 | (※3)72 | （貸） | 利益剰余金期首残高 | (※3)72 |

（※3）　72＝80（（※1）参照）－8（（※2）参照）　非支配株主持分への修正仕訳の繰越し

＜減価償却費の調整＞

| （借） | 減価償却累計額 | 40 | （貸） | 減　価　償　却　費 | 40 |

＜減価償却費の調整の配分＞

| （借） | 非支配株主に帰属する当期純利益 | (※4)8 | （貸） | 非支配株主持分 | (※4)8 |

（※4）　8＝40（減価償却費の調整）×20％（非支配株主持分比率）

＜未実現損益の実現＞

| （借） | 機　械　装　置 | 400 | （貸） | 減価償却累計額 | 80 |
| | | | | 固定資産売却益 | 320 |

＜未実現損益の実現の配分＞

| （借） | 非支配株主に帰属する当期純利益 | (※5)64 | （貸） | 非支配株主持分 | (※5)64 |

（※5）　64＝80（（※1）参照）－8（（※2）参照）－8（（※4）参照）
　　　　未実現利益が実現されたため，非支配株主持分に負担していた部分を実現仕訳として調整

⑵　特殊な未実現損益の消去

　基本的な未実現利益の消去の処理方法については，前記「(1)　基本的な未実現損益の消去」で解説したとおりですが，ここでは特殊な未実現損益の消去について解説します。

①　未実現損失の消去

　連結会社相互間の取引によって発生した未実現利益と未実現損失ではその取

扱いが異なります。未実現利益の場合は，発生した全額を消去しますが，未実現損失の場合は，売手側の帳簿価額のうち回収不能と認められる部分は消去しないことが定められています（連結会計基準36項ただし書き）。

　この取扱いにより，未実現損失が発生した場合には，回収可能と認められる金額までは未実現損失を消去しますが，回収不能と認められる金額は連結財務諸表上も損失が計上され，簿価切下げと同様の効果が生じます。この連結仕訳を示したものがパターンⅠ－3－6となります。

パターンⅠ－3－6　未実現損失の消去

[前提条件（連結会社は3月決算を前提）]
① 親会社P社は，X1年4月1日に連結子会社A社に対して，商品（取得原価3,000，売却価額2,500，売却損500）を販売しています。
② 当該商品は，X2年3月31日において連結子会社A社に保有されており，一般市場等で2,800（回収可能と判断）で販売できることが想定されています。
③ 各社の個別B/Sおよび個別P/Lの勘定科目残高は，P社，A社の取引により発生したものです。
④ その他の勘定科目や前提条件は考慮しません。

[取引関係図]
【X2年3月期】

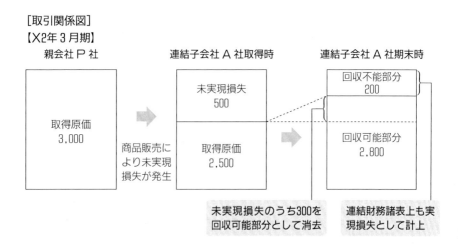

[各社個別 F/S および連結 F/S]
【X2年3月期】

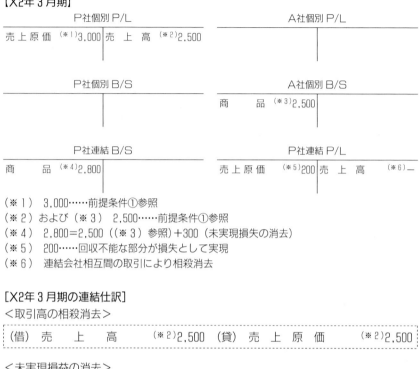

（※1）　3,000……前提条件①参照
（※2）および（※3）　2,500……前提条件①参照
（※4）　2,800＝2,500（（※3）参照）＋300（未実現損失の消去）
（※5）　200……回収不能な部分が損失として実現
（※6）　連結会社相互間の取引により相殺消去

[X2年3月期の連結仕訳]
＜取引高の相殺消去＞

(借) 売　上　高	(※2)2,500	(貸) 売　上　原　価	(※2)2,500

＜未実現損益の消去＞

(借) 商　　　品	(※7)300	(貸) 売　上　原　価	(※7)300

（※7）　300＝500（未実現損失）－200（回収不能部分）

　連結会社相互間の取引から未実現損失が500発生していますが，回収可能部分である300まで未実現損失を消去します。この連結仕訳により，回収不能部分である200が連結財務諸表に計上されることとなります。

[X3年3月期の連結仕訳]
＜開始仕訳（未実現損益の消去）＞

(借) 商　　　品	(※8)300	(貸) 利益剰余金期首残高	(※8)300

（※8）　300……未実現損失の繰越し

②　未実現利益を含む固定資産の減損

　連結会社相互間の取引から発生した未実現利益を含んだ固定資産について，個別財務諸表上で減損損失が計上された場合，未実現利益が含まれた取得原価をもとに減損損失が計算されていることから，連結財務諸表上の減損損失を調整する必要があります。この連結仕訳を示したものがパターンⅠ－3－7となります。

パターンⅠ－3－7　／　未実現利益を含む固定資産の減損損失の調整

[前提条件（連結会社は3月決算を前提）]
① 　親会社P社は，X1年4月1日に連結子会社A社に対して，土地（取得原価2,000，売却価額2,200，売却益200）を売却しています。
② 　連結子会社A社はX2年3月31日に，著しい経営環境の悪化から取得した土地について減損損失1,400を計上しています。
③ 　各社の個別B/Sおよび個別P/Lの勘定科目残高は，P社，A社の取引により発生したものです。
④ 　その他の勘定科目や前提条件は考慮しません。

[取引関係図]
【X2年3月期】

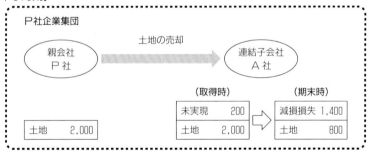

[各社個別F/Sおよび連結F/S]
【X2年3月期】

P社個別P/L		A社個別P/L	
	固定資産売却益 (*1)200	減損損失 (*2)1,400	

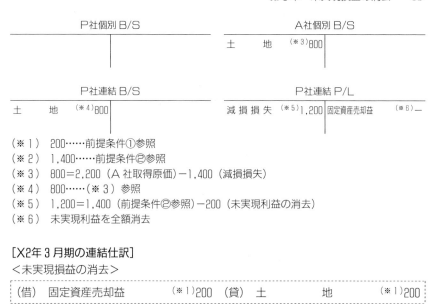

(※1)　200……前提条件①参照
(※2)　1,400……前提条件②参照
(※3)　800＝2,200（A 社取得原価）－1,400（減損損失）
(※4)　800……（※3）参照
(※5)　1,200＝1,400（前提条件②参照）－200（未実現利益の消去）
(※6)　未実現利益を全額消去

[X2年 3 月期の連結仕訳]
＜未実現損益の消去＞

| (借)　固定資産売却益 | (※1)200 | (貸)　土　　　　　地 | (※1)200 |

＜減損損失の調整＞

| (借)　土　　　　　地 | (※7)200 | (貸)　減　損　損　失 | (※7)200 |

(※7)　200……未実現利益の戻しとして減損損失を減額

　連結子会社 A 社の個別財務諸表上の土地の取得原価は2,200ですが，連結上の取得原価は親会社 P 社で計上されていた2,000であることから，連結上の減損損失は1,200となります。このため，未実現利益相当額の200について，減損損失から控除する連結仕訳が必要となります。

③　未実現利益を含む棚卸資産の評価損

　連結会社相互間の取引から発生した未実現利益を含んだ棚卸資産について，個別財務諸表上で棚卸資産の評価損が計上された場合，未実現利益が含まれた取得原価をもとに評価損が計算されているため，連結財務諸表上の評価損を調整します。この調整は，固定資産の減損の調整と同じ考え方で連結仕訳を行います。

④　販売元が固定資産を制作し企業集団内の会社に販売する場合

　昨今の企業集団の事業形態には，企業集団において自社グループで使用する機械装置やソフトウェアを制作する会社を別途設けている場合があります。このような機械装置やソフトウェアに利益を付して企業集団内で販売した場合，

当該取引の相殺消去や未実現利益の消去が必要になるとともに，制作途中の棚卸資産を固定資産に振り替える処理が必要となることが考えられます。これは，制作する連結会社にとっては営業活動から生じた資産であることから，仕掛品等の棚卸資産として計上されているものの，連結財務諸表の観点からは，自社グループ所有の固定資産に係るものと考えられるためです。この連結仕訳を示したものがパターンⅠ－3－8となります。

パターンⅠ－3－8　　連結子会社が固定資産を制作し販売する場合

[前提条件（連結会社は3月決算を前提）]
① 連結子会社A社は，企業集団内のグループウェアを制作販売しているソフトウェア会社です。
② 連結子会社A社は，X1年4月1日に親会社P社に対して，ソフトウェア（売上原価（制作原価）5,000，売上高6,000，利益1,000）を販売しています。
③ 親会社P社は，連結子会社A社から取得したソフトウェアを無形固定資産に計上し，5年の耐用年数（残存価額ゼロ）で減価償却しています。
④ 連結子会社A社はX2年3月31日時点において，親会社P社に対するソフト開発案件を受注しており，当該ソフトウェアの仕掛品が500計上されています。なお，連結子会社A社は，企業集団内のソフトウェアを制作販売している会社であり，その工期がごく短いものとして，納品検収時点で一括して収益を認識しているものとします。
⑤ 親会社P社の連結子会社A社に対する議決権比率は100%とします。
⑥ 各社の個別B/Sおよび個別P/Lの勘定科目残高は，P社，A社の取引により発生したものです。
⑦ その他の勘定科目や前提条件は考慮しません。

[取引関係図]
【X2年3月期】

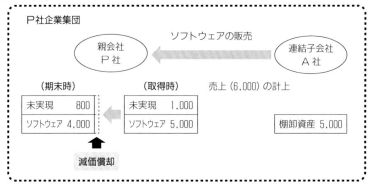

[各社個別 F/S および連結 F/S]
【X2年3月期】

P社個別 P/L	
減価償却費 (*1)1,200	

A社個別 P/L	
売上原価 (*2)5,000	売上高 (*3)6,000

P社個別 B/S	
ソフトウェア (*4)4,800	

A社個別 B/S	
仕掛品 (*5)500	

P社連結 B/S	
ソフトウェア (*6)4,000	
ソフトウェア仮勘定 (*7)500	

P社連結 P/L	
売上原価 (*8)―	売上高 (*9)―
減価償却費 (*10)1,000	

(*1)　1,200＝6,000（親会社 P 社取得原価）÷5年（耐用年数）
(*2)　5,000……前提条件②参照
(*3)　6,000……前提条件②参照
(*4)　4,800＝6,000（親会社 P 社取得原価）－1,200（(*1)の減価償却費）
(*5)　500……前提条件④参照
(*6)　4,000＝5,000（連結子会社 A 社の制作原価）－1,000（(*10)の減価償却費）
(*7)　500……前提条件④参照（仕掛品からソフトウェア仮勘定に振替）
(*8)および（*9）……取引および未実現利益の相殺消去
(*10)　1,000＝1,200（(*1)参照）－200（未実現利益1,000÷耐用年数5年）

[X2年3月期の連結仕訳]
＜取引高の相殺消去＞

（借）売上高 (*11)5,000	（貸）売上原価 (*11)5,000

(*11)　5,000……(*2)の売上原価の金額

　取引の相殺消去においては，連結子会社 A 社の売上高と売上原価を相殺消去しますが，消去金額は連結子会社 A 社の売上原価相当額とします。これは，親会社 P 社において損益取引が発生していないことにより，相殺する相手勘定がないためです。なお，連結子会社 A 社の親会社 P 社に対する売上高は6,000であるため，当該仕訳だけでは差額の1,000が残りますが，未実現利益の消去により売上高も全額消去されます。

＜未実現損益の消去＞

（借）売上高 (*12)1,000	（貸）ソフトウェア (*12)1,000

(*12)　1,000……未実現利益相当額の消去

ソフトウェアの未実現利益の消去ですが，連結子会社 A 社にとっては販売取引であることから，連結子会社 A 社で計上された売上高の金額で消去を行います。

＜減価償却費の調整＞

| (借) ソフトウェア | (※13)200 | (貸) 減 価 償 却 費 | (※13)200 |

(※13) 200＝1,000（未実現利益）÷5年（耐用年数）

＜勘定科目の振替仕訳＞

| (借) ソフトウェア仮勘定 | (※14)500 | (貸) 仕 掛 品 | (※14)500 |

(※14) 500……勘定科目の振替仕訳

企業集団の観点からは，仕掛品ではなく自社利用のソフトウェアを開発していることとなるため，ソフトウェア仮勘定に振替仕訳を行います。

[X3年3月期の連結仕訳]
＜開始仕訳（未実現損益の消去）＞

| (借) 利益剰余金期首残高 | (※15)800 | (貸) ソフトウェア | (※15)800 |

(※15) 800＝1,000（(※12)参照）−200（(※13)参照） 未実現利益の繰越し

⑤ 未達取引の調整

連結会社相互間の取引について，対象会社同士の取引金額が一致しない場合，未達取引としての調整を行いますが，この調整のなかで未実現利益がある場合には，通常の未実現利益の調整と同様の連結仕訳を行います。なお，未達取引に係る一連の連結仕訳については，前記「第2章2(2)④ 未達取引の調整」をご参照ください。

3 設例による連結精算表の作り方

連結会社相互間の取引から発生した未実現利益の消去の考え方と調整方法については，前記「2 未実現損益の消去の処理方法」で解説したとおりですが，ここでは，連結精算表上での実際の調整方法について，設例で解説します。

(1)　基本的な未実現損益の消去のパターン（その１）

　この設例では，償却性資産のダウンストリームの未実現利益の消去を取り扱います。なお，前提条件はパターンＩ－３－２と同様です。

| 設例Ｉ－３－１ | 償却性資産の未実現損益の消去（ダウンストリーム） |

[前提条件（連結会社は３月決算を前提）]

① 　親会社Ｐ社は，X1年４月１日に連結子会社Ａ社に対して，機械装置（取得原価2,000，売却価額2,400，売却益400）を売却しています。なお，親会社Ｐ社は，X1年４月１日に機械装置を2,000で購入し，すぐに連結子会社Ａ社に売却したものとします。

② 　機械装置の減価償却方法は定額法，経済的耐用年数は10年，残存価額はゼロとします。

③ 　連結精算表上の各社の数字は所与とします。

④ 　その他の勘定科目や前提条件は考慮しません。

[X2年３月期の連結精算表]

項目	精算表勘定科目	親会社 P 社	子会社 A 社	単純合算表	個別修正仕訳後合算表	連結修正仕訳 債権債務・取引高，未実現関係 未実現損益調整	連結修正仕訳合計	連結精算表合計
連結B/S	機械装置	20,000	2,400	22,400	22,400	(※1) △400	△400	22,000
	減価償却累計額	△7,000	△240	△7,240	△7,240	(※3) 40	40	△7,200
	有形固定資産合計	13,000	2,160	15,160	15,160	△360	△360	14,800
連結P/L	減価償却費	1,000	240	1,240	1,240	(※4) △40 <※B>	△40	1,200
	販売費及び一般管理費合計	1,000	240	1,240	1,240	△40	△40	1,200
	固定資産売却益	400	0	400	400	(※2) △400 <※A>	△400	0
	特別利益合計	400	0	400	400	△400	△400	0

（※1）および（※2）　400……未実現利益の消去（前提条件①参照）
（※3）および（※4）　40＝400（未実現利益）÷10（耐用年数）

未実現損益調整の
項目を使用

[X2年3月期の連結精算表上の調整内容]

１．全般事項

　連結会社相互間の取引により発生した未実現利益の消去であるため，連結仕訳の未実現損益調整の項目を使用します。

２．個別事項

＜＊Ａ＞……該当する勘定科目から未実現利益を控除
＜＊Ｂ＞……未実現利益に係る減価償却費の調整

[X2年3月期の連結仕訳]

＜未実現損益の消去＞

| （借）　固定資産売却益 | ＜＊Ａ＞400 | （貸）　機械装置 | ＜＊Ａ＞400 |

＜減価償却費の調整＞

| （借）　減価償却累計額 | ＜＊Ｂ＞40 | （貸）　減価償却費 | ＜＊Ｂ＞40 |

(2)　基本的な未実現損益の消去のパターン（その２）

　この設例では，棚卸資産のアップストリームの未実現利益の消去を取り扱います。なお，前提条件はパターンⅠ－3－4と同様です。

設例Ⅰ－3－2　棚卸資産の未実現損益の消去（アップストリーム）

[前提条件（連結会社は3月決算を前提）]

① 連結子会社A社は，X1年4月1日に企業集団外部から商品を3,000で仕入れています。

② 連結子会社A社は，X2年3月31日に親会社P社に対して，上記①の商品を3,500（利益500）で販売しています。このため，親会社P社は当該商品をX2年3月31日時点で保有しています。なお，当該取引に係る債権および債務は決済されています。

③ 親会社P社の連結子会社A社に対する議決権比率は80％（非支配株主持分比率は20％）とします。

④ 連結精算表上の各社の数字は所与とします。

⑤ その他の勘定科目や前提条件は考慮しません。

[X2年3月期の連結精算表]

　90〜91頁に掲載しています。

[X2年 3 月期の連結精算表上の調整内容]

1. 全般事項

連結会社相互間の取引により発生した未実現利益の消去であるため，連結修正仕訳の取引高相殺消去および未実現損益調整の項目を使用します。

2. 個別事項

＜＊Ａ＞……該当する勘定科目から連結相殺消去金額を控除

＜＊Ｂ＞……該当する勘定科目から未実現利益を控除

＜＊Ｃ＞……未実現利益を非支配株主持分に配分

[X2年 3 月期の連結仕訳]

＜取引高の相殺消去＞

（借）売　上　高	＜＊Ａ＞3,500	（貸）売　上　原　価	＜＊Ａ＞3,500

＜未実現損益の消去＞

（借）売　上　原　価	＜＊Ｂ＞500	（貸）商　　　　品	＜＊Ｂ＞500

＜未実現損益の消去の配分＞

（借）非支配株主持分	＜＊Ｃ＞100	（貸）非支配株主に帰属する当期純利益	＜＊Ｃ＞100

⑶　特殊な未実現損益の消去のパターン

この設例では，販売元が固定資産を制作し企業集団内の会社に販売する場合の未実現利益の消去を取り扱います。なお，前提条件はパターンⅠ－3－8と同様です。

設例Ⅰ－3－3　　ソフトウェア制作子会社からの販売（アップストリーム）

[前提条件（連結会社は 3 月決算を前提）]

① 連結子会社Ａ社は，企業集団内のグループウェアを制作販売しているソフトウェア会社です。

② 連結子会社Ａ社は，X1年 4 月 1 日に親会社Ｐ社に対して，ソフトウェア（売上原価（制作原価）5,000，売上高6,000，利益1,000）を販売しています。

③ 親会社Ｐ社は，連結子会社Ａ社から取得したソフトウェアを無形固定資産に計上し， 5 年の耐用年数（残存価額ゼロ）で定額法により減価償却しています。

④ 連結子会社Ａ社はX2年 3 月31日時点において，親会社Ｐ社からソフトウェア

［設例 I − 3 − 2 の連結精算表］

項目	精算表勘定科目	親会社 P 社	子会社 A 社	単純合算表
連結 B/S	商品及び製品	5,000	2,000	7,000
	流動資産合計	5,000	2,000	7,000
	利益剰余金	4,000	2,000	6,000
	株主資本合計	4,000	2,000	6,000
	非支配株主持分			0
	純資産合計	4,000	2,000	6,000
連結 P/L	売上高	30,000	15,000	45,000
	売上原価	26,000	13,000	39,000
	売上総利益	4,000	2,000	6,000
	非支配株主に帰属する当期純利益			0
	親会社株主に帰属する当期純利益	4,000	2,000	6,000

（※ 1 ）および（※ 2 ）　3,500……取引相殺（前提条件②参照）
（※ 3 ）および（※ 4 ）　500……未実現利益の消去（前提条件②参照）
（※ 5 ）および（※ 6 ）　100＝500（未実現利益）×20％（前提条件③の非支配株主持分比率）

個別修正仕訳後合算表	連結修正仕訳 債権債務・取引高, 未実現関係		連結修正仕訳合計	連結精算表合計
	取引高相殺消去	未実現損益調整		
7,000		(※3) △500	△500	6,500
7,000	0	△500	△500	6,500
6,000	0	△400	△400	5,600
6,000	0	△400	△400	5,600
0		(※5) △100	△100	△100
6,000	0	△500	△500	5,500
45,000	(※1) △3,500		△3,500	41,500
39,000	(※2) △3,500 <＊A>	(※4) 500	<＊B> △3,000	36,000
6,000	0	△500	△500	5,500
0		(※6) △100 <＊C>	△100	△100
6,000	0	△400	△400	5,600

 取引高相殺消去の項目を使用

 未実現損益調整の項目を使用

開発案件を受注しており，当該ソフトウェアの仕掛品が500計上されています。なお，連結子会社 A 社は，企業集団内のソフトウェアを制作販売している会社であり，その工期がごく短いものとして，納品検収時点で一括して収益を認識しているものとします。

⑤　親会社 P 社の連結子会社 A 社に対する議決権比率は100%とします。

⑥　連結精算表上の各社の数字は所与とします。

⑦　その他の勘定科目や前提条件は考慮しません。

[X2年 3 月期の連結精算表]

94～95頁に掲載しています。

[X2年 3 月期の連結精算表上の調整内容]

１．全般事項

連結会社相互間の取引により発生した未実現利益の消去であるため，取引高相殺消去と未実現損益調整の項目を使用します。また，仕掛品からソフトウェア仮勘定への振替えについては，ここでは連結組替の項目を使用します。

２．個別事項

＜＊A＞……該当する勘定科目から売上原価相当の取引を控除

＜＊B＞……該当する勘定科目から未実現利益を控除

＜＊C＞……未実現利益に係る減価償却費の調整

＜＊D＞……勘定科目の振替え

[X2年 3 月期の連結仕訳]

＜取引高の相殺消去＞

（借）売　上　高　　＜＊A＞5,000　（貸）売　上　原　価　　＜＊A＞5,000

＜未実現損益の消去＞

（借）売　上　高　　＜＊B＞1,000　（貸）ソフトウェア　　＜＊B＞1,000

＜減価償却費の調整＞

（借）ソフトウェア　　＜＊C＞200　（貸）減　価　償　却　費　　＜＊C＞200

＜勘定科目の振替え＞

（借）ソフトウェア仮勘定　　＜＊D＞500　（貸）仕　掛　品　　＜＊D＞500

4┃実務上の留意事項等

(1)　重要性の乏しい未実現損益の取扱い

　連結会社相互間の取引により発生した未実現利益は，その全額を消去しますが，未実現利益の金額に重要性が乏しい場合には，未実現利益を消去しないことが認められています（連結会計基準37項）。

　このため，会社規模等に応じて重要性が乏しいとする金額を設定し，その金額以下の未実現利益は消去しないという処理も可能です。

(2)　未実現損益の算定方法とその管理方法

①　一般的な未実現損益の算定方法

　連結会社相互間の取引に係る未実現利益を算定する場合，取引頻度が少ない固定資産取引については，その取引ごとに未実現利益を把握することが可能ですが，棚卸資産の販売のように取引頻度が多い場合，1件ごとに棚卸資産の販売取引に係る未実現利益を把握することは，実務上は困難と考えられます。

　このため，棚卸資産の未実現利益の算定方法としては，一般的には取引時点の利益を個別に算定するのではなく，期末日時点で保有している棚卸資産について，一定の利益率を乗じる方法が採用されています。

②　合理的な算定方法

　棚卸資産の未実現利益に使用される利益率については，画一的な算定方法はなく，事業活動の経済的実態に合わせて，各社でその算定方針が定められています。その際に考え得る検討項目としては，図表Ⅰ－3－5に掲げたようなものが考えられます。

　例えば，取引規模が小さく，概ね単一の商品で回転期間も早く，利益率の期間変動もない場合には，販売元の年間平均売上総利益率（損益計算書に計上された売上総利益を売上高で除した割合）を未実現利益で使用する利益率とすることも可能であると考えられます。

[設例Ⅰ－3－3の連結精算表]

項目	精算表勘定科目	親会社 P 社	子会社 A 社	単純合算表
連結 B/S	仕掛品	1,000	500	1,500
	流動資産合計	1,000	500	1,500
	ソフトウェア	4,800	2,000	6,800
	ソフトウェア仮勘定			0
	無形固定資産合計	4,800	2,000	6,800
連結 P/L	売上高	30,000	20,000	50,000
	売上原価	26,000	17,000	43,000
	売上総利益	4,000	3,000	7,000
	減価償却費	1,200	600	1,800
	販売費及び一般管理費合計	1,200	600	1,800
	営業利益	2,800	2,400	5,200

（※1）および（※2）　5,000……制作原価で取引消去（前提条件⓶参照）
（※3）　1,000……未実現利益の消去（前提条件⓶参照）
（※4）　200＝1,000（未実現利益）÷5年（耐用年数）
（※5）　800……未実現利益の消去と減価償却費の調整との差額（（※3）と（※4）との差額）
（※6）および（※7）　500……仕掛品からソフトウェア仮勘定に振替（前提条件④参照）

個別修正仕訳後合算表	連結修正仕訳			連結修正仕訳合計	連結精算表合計
	債権債務・取引高, 未実現関係		連結組替その他		
	取引高相殺消去	未実現損益調整			
1,500			(※6) △500	△500	1,000
1,500	0	0	△500	△500	1,000
6,800		(※5) △800		△800	6,000
0			(※7) 500 <※D>	500	500
6,800	0	△800	500	△300	6,500
50,000	(※1) △5,000	(※3) △1,000 <※B>		△6,000	44,000
43,000	(※2) △5,000 <※A>			△5,000	38,000
7,000	0	△1,000	0	△1,000	6,000
1,800		(※4) △200 <※C>		△200	1,600
1,800	0	△200	0	△200	1,600
5,200	0	△800	0	△800	4,400

取引高相殺消去の項目を使用

未実現損益調整の項目を使用

連結組替の項目を使用

図表Ⅰ－3－5	合理的な利益率を設定するための検討項目	
検討項目	検討項目の内容	利益率への影響
取引規模	取引規模が連結財務諸表に占める割合を検討する。	取引規模が小さいほど簡便的な方法が採用できる。
取引形態	期末在庫の保有期間（回転期間）を検討する。	回転期間が早いほど期末日直前の利益率が採用できる。
資産のグルーピング	単一商品，一定の商品群，セグメント等で利益率が異なるか検討する。	商品ごとの利益率が一定の範囲内の場合は，単一の利益率が採用できる。
期間	期間によって利益率が変動するか検討する。	利益率が大きく変動しない場合には，年間平均の利益率が採用できる。

③　利益率を使用した未実現損益の算定方法

　未実現利益の算定において一定の利益率を使用する場合，一般的には設例Ⅰ－3－4のような計算を行います。

設例Ⅰ－3－4　　未実現損益の算定（最も簡便的と想定されるケース）

[前提条件（連結会社は3月決算を前提）]
①　連結子会社A社は親会社P社に一般商品を販売しています。当該商品の取引規模は小さく，概ね単一の商品で回転期間も早く，利益率の期間変動もありません。
②　親会社P社は連結子会社A社の一般商品の取引形態から，未実現利益の算定に使用する利益率は，販売元の年間平均売上総利益率（損益計算書に計上された売上総利益を売上高で除した割合）としています。
③　親会社P社は，期末時点(X2年3月31日時点)において，A社からの商品を1,000保有しています。
④　連結子会社A社のX1年4月1日からX2年3月31日の損益計算書の情報は，売上高10,000，売上原価8,500，売上総利益1,500とします。
⑤　親会社P社は連結子会社A社の議決権比率の100%を有しています。
⑥　その他の前提条件は考慮しません。

[X2年3月期の連結仕訳（未実現損益の消去のみ）]
＜未実現損益の消去＞

（借）売 上 原 価	(※1)150	（貸）商　　　　　品	(※1)150

（※1）　150＝1,000（期末保有在庫（前提条件③参照））×15%（利益率（売上総利益1,500÷売上高10,000））

　前提条件㉂により単一の利益率を使用するため，期末在庫に一定の利益率を乗じることで未実現利益が算定されます。

---

④　未実現損益の管理方法

　連結会社において通常の事業活動が継続的に行われている場合，期末に保有する棚卸資産の未実現利益は，翌連結会計年度には実現利益となることが想定されることから，未実現利益の計上と実現利益の振替が洗替法のように連結決算ごとに行われています。

　一方で固定資産の未実現利益が発生した場合，未実現利益自体を消去することは特に困難なことではありませんが，その固定資産を継続的に管理し売却した時点で未実現利益を実現利益に振り替える処理が漏れることが実務上は起こり得ます。これは，固定資産は通常長期で保有することが計画されているためです。このため，親会社は未実現利益を適時に把握するとともに，当該未実現利益を含んだ固定資産のその後の状況も継続的に管理する必要があります。

5 ┃ 連結精算表を作成するための補助資料

　連結子会社が1社の場合や未実現利益の発生が少ない場合，連結精算表に未実現利益を直接入力することも考えられますが，連結子会社が複数ある場合や未実現利益の発生が多い場合には，連結精算表に消去金額を入力する前に，図表Ⅰ－3－6から図表Ⅰ－3－8に掲げたような資料で連結会社から集められた情報を管理することが考えられます。特に，固定資産の未実現利益の消去の場合，その後の減価償却や企業集団外部への売却まで長期間にわたり継続して管理する必要があることから，特に有用なものと考えられます。

図表Ⅰ－3－6　棚卸資産未実現損益

購入会社	販売会社	勘定科目	棚卸資産金額	利益率	未実現損益	評価損調整	未実現損益消去
A社	P社	商品及び製品	100,000	20%	20,000	0	20,000
P社	B社	商品及び製品	300,000	15%	45,000	0	45,000
P社	C社	原材料及び貯蔵品	200,000	10%	20,000	5,000	15,000

図表Ⅰ－3－7　固定資産未実現損益管理表

管理NO	取引発生日	購入会社	購入資産勘定科目	購入資産金額	販売会社	売却資産勘定科目	売却資産帳簿価額	売却資産売却価額	売却損益
201901	2019/4/1	A社	機械装置	500,000	P社	機械装置	400,000	500,000	100,000
201902	2019/10/1	P社	土地	1,000,000	B社	土地	800,000	1,000,000	200,000

図表Ⅰ－3－8　固定資産未実現損益管理表（ストック

管理NO	取引発生日	購入会社	売却会社	購入資産勘定科目	減価償却方法	耐用年数	残存価額	減価償却勘定科目	当初未実現損益	期首未実現損益	当期償却調整額	期末未実現損益	実効税率	当初税効果金額
201701	2017/4/1	A社	P社	車両運搬具	定額法	10	0	減価償却費	1,000,000	800,000	100,000	700,000	30%	300,000
201801	2018/4/1	P社	A社	機械装置	定額法	10	0	売上原価	3,000,000	2,700,000	300,000	2,400,000	30%	900,000

管理表のサンプル（数字は参考例）

課税所得調整	実効税率	税効果調整額	非支配株主持分比率	非支配株主持分調整	税効果調整額
0	30%	6,000	0%	0	0
20,000	30%	7,500	20%	9,000	1,500
0	30%	4,500	15%	2,250	675

（取得時）のサンプル（数字は参考例）

売却益計上科目	課税所得調整	実効税率	税効果調整額	非支配株主持分比率	非支配株主持分調整	税効果調整額	当期売却等
固定資産売却益	0	30%	30,000	0%	0	0	なし
固定資産売却益	50,000	30%	45,000	10%	20,000	4,500	なし

管理（償却資産））のサンプル（数字は参考例）

期首税効果	税効果調整額	期末税効果	非支配株主持分比率	当初非支配株主持分	期首非支配株主持分	非支配株主持分調整	期末非支配株主持分	実効税率	当初税効果金額	期首税効果	税効果調整額	期末税効果	当期売却等
240,000	30,000	210,000	0%	0	0	0	0	30%	0	0	0	0	なし
810,000	90,000	720,000	20%	600,000	540,000	60,000	480,000	30%	180,000	162,000	18,000	144,000	なし

第4章

資本連結

　前記第2章および第3章では，連結会社相互間で発生した取引に係る相殺消去仕訳について解説しました。本章では，複数の企業から構成される企業集団を単一の組織体のようにするための資本連結について解説します。資本連結では，第2章および第3章のような相殺消去のみならず，資本関係に関するさまざまな調整が行われることから，連結仕訳の中でも特に難易度の高い項目とされています。

1 資本連結の必要性

　連結財務諸表は，支配従属関係にある2つ以上の企業からなる集団を単一の組織体（企業集団）とみなして，親会社が当該企業集団の財政状態および経営成績を総合的に報告するために作成されるものと定められています（連結会計基準1項）。

　これは，親会社企業集団をあたかも1つの会社のように連結財務諸表を作成することを意味します。このため，連結精算表を使用して連結財務諸表を作成する場合，親会社と連結子会社の財務諸表をいったんすべて合算した後，取引の相殺消去をはじめとする連結仕訳が行われています。前記第2章および第3章では，営業取引等により発生した債権と債務や取引高の相殺消去，未実現利益の消去を解説していますが，その他に親会社の投資と連結子会社の資本を相殺消去することが必要となります。

　一般的に，親会社は連結子会社への投資を通して当該子会社を支配しており，連結子会社は受け入れた投資を資本として財務諸表に反映させています。このため，連結財務諸表があたかも1つの会社のように作成されるためには，親会

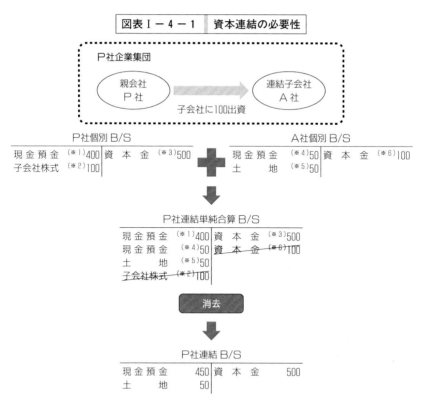

図表 I − 4 − 1　　資本連結の必要性

社の投資と連結子会社の資本が相殺消去される必要があります。そして，親会社の投資と連結子会社の資本を相殺消去することにより，さまざまな調整が行われることとなります。この一連の連結仕訳が資本連結といわれ，連結財務諸表を作成する上で，必要な調整項目となります。この関係を示したものが図表 I − 4 − 1 となります。

2 資本連結の処理方法

(1) 基本的な資本連結

　資本連結とは，親会社の子会社に対する投資とこれに対応する子会社の資本を相殺消去し，消去差額が生じた場合には当該差額をのれん（または負ののれん）として計上するとともに，子会社の資本のうち親会社に帰属しない部分を

非支配株主持分に振り替える一連の処理と定められています（連結会計基準59項前段）。

　資本連結については，親会社が子会社を設立した場合と買収により子会社化した場合ではその処理が相違するとともに，そこに外部株主が存在する場合にはさらに処理が異なるため，そのパターンごとに資本連結を解説します。

①　設立出資（外部株主が存在しない場合）の資本連結

　親会社がいわゆる100％子会社を設立した場合，親会社の子会社に対する投資とこれに対応する子会社の資本を相殺消去します（連結会計基準23項）。この連結仕訳を示したものがパターン I － 4 － 1 となります。

> **パターン I － 4 － 1**　　**設立出資（外部株主が存在しない場合）の資本連結**

[前提条件（連結会社は 3 月決算を前提）]
①　親会社 P 社は，X2年 3 月31日に連結子会社 A 社を設立しています（子会社株式50,000）。
②　連結子会社 A 社は，受け入れた出資を資本金として処理しています（資本金50,000）。
③　各社の個別 B/S の勘定科目残高は所与とします。
④　その他の勘定科目や前提条件は考慮しません。

[取引関係図]
【X2年 3 月31日】

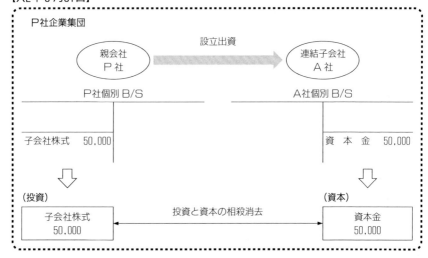

[各社個別 F/S および連結 F/S]
【X2年3月期】

P社個別 B/S

| その他資産 | 120,000 | 資　本　金 | 100,000 |
| 子会社株式 | 50,000 | 利益剰余金 | 70,000 |

A社個別 B/S

| その他資産 | 25,000 | 資　本　金 | 50,000 |
| 土　　　地 | 25,000 | | |

P社連結 B/S

| その他資産(※1) | 145,000 | 資　本　金(※3) | 100,000 |
| 土　　　地(※2) | 25,000 | 利益剰余金(※4) | 70,000 |

（※1）　145,000＝120,000（親会社 P 社その他資産）＋25,000（連結子会社 A 社その他資産）
（※2）　25,000……連結子会社 A 社土地
（※3）　100,000……親会社 P 社資本金
（※4）　70,000……親会社 P 社利益剰余金

[X2年3月期の連結仕訳]
<投資と資本の相殺消去>

| （借）資　本　金 | (※5)50,000 | （貸）子 会 社 株 式 | (※5)50,000 |

（※5）　50,000……前提条件①および②参照

　この連結仕訳により，親会社 P 社で計上されていた子会社株式50,000と連結子会社 A 社で計上されていた資本金50,000が相殺消去され，連結財務諸表上で計上されないこととなります。

[X3年3月期の連結仕訳]
<開始仕訳（投資と資本の相殺消去）>

| （借）資　本　金 | (※5)50,000 | （貸）子 会 社 株 式 | (※5)50,000 |

（注）　資本連結は繰越し

②　設立出資（外部株主が存在する場合）の資本連結

　親会社の連結子会社に対する出資割合が100％以外の場合，資本連結において，子会社の資本のうち親会社に帰属しない部分を非支配株主に振り替える処理が必要となります（連結会計基準59項前段）。この子会社の資本のうち親会社に帰属しない部分は，非支配株主持分と定められています（連結会計基準26項）。

　具体的には，子会社の資本について親会社に帰属する部分（親会社持分額）

と非支配株主に帰属する部分（非支配株主持分額）とに分け，前者は親会社の投資と相殺消去し，後者は非支配株主持分として処理します（連結会計基準（注 7）(1))。なお，非支配株主持分は，（非支配株主）持分比率に基づき計上されますが（資本連結実務指針23項），この持分比率は，持株数（分子）を議決権を有する株式の発行済株式数（分母）で除して計算されます（資本連結実務指針10項）。この連結仕訳を示したものがパターン I ー 4 ー 2 となります。

パターン I ー 4 ー 2　　**設立出資（外部株主が存在する場合）の資本連結**

[前提条件（連結会社は 3 月決算を前提）]
① 親会社 P 社は外部株主とともに，X2年 3 月31日に連結子会社 A 社を設立しています。
② 親会社 P 社の出資は40,000（親会社持分比率80%），外部株主たる非支配株主の出資は10,000（非支配株主持分比率20%）です。
③ 連結子会社 A 社は，受け入れた出資を資本金として処理しています（資本金50,000）。
④ 各社の個別 B/S の勘定科目残高は所与とします。
⑤ その他の勘定科目や前提条件は考慮しません。

[取引関係図]
【X2年 3 月31日】

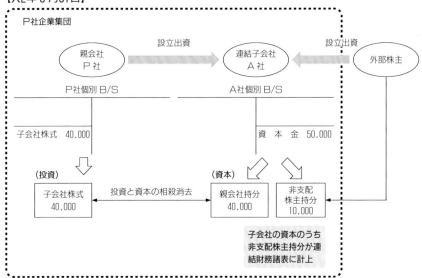

［各社個別 F/S および連結 F/S］

【X2年 3 月期】

P社個別 B/S

| その他資産 | 130,000 | 資　本　金 | 100,000 |
| 子会社株式 | 40,000 | 利益剰余金 | 70,000 |

A社個別 B/S

| その他資産 | 25,000 | 資　本　金 | 50,000 |
| 土　　　地 | 25,000 | | |

P社連結 B/S

その他資産（※1）	155,000	資　本　金（※3）	100,000
土　　　地（※2）	25,000	利益剰余金（※4）	70,000
		非支配株主持分（※5）	10,000

- （※1）　155,000＝130,000（親会社 P 社その他資産）＋25,000（連結子会社 A 社その他資産）
- （※2）　25,000……連結子会社 A 社土地
- （※3）　100,000……親会社 P 社資本金
- （※4）　70,000……親会社 P 社利益剰余金
- （※5）　10,000＝50,000（連結子会社 A 社資本金）×20％（非支配株主持分比率（前提条件②参照））

［X2年 3 月期の連結仕訳］

＜投資と資本の相殺消去＞

| （借） | 資　　本　　金 | （※6）50,000 | （貸） | 子 会 社 株 式 | （※7）40,000 |
| | | | | 非支配株主持分 | （※5）10,000 |

- （※5）　10,000＝50,000（連結子会社 A 社資本金）×20％（非支配株主持分比率（前提条件②参照））
- （※6）　50,000……前提条件③参照
- （※7）　40,000……前提条件②参照

　この連結仕訳により，親会社 P 社で計上されていた子会社株式40,000と連結子会社 A 社で計上されていた資本金50,000が相殺消去される一方，両者の差額である10,000は，連結子会社 A 社の資本のうち，非支配株主に帰属する部分であることから，非支配株主持分として連結財務諸表に計上されます。

［X3年 3 月期の連結仕訳］

＜開始仕訳（投資と資本の相殺消去）＞

| （借） | 資　　本　　金 | （※6）50,000 | （貸） | 子 会 社 株 式 | （※7）40,000 |
| | | | | 非支配株主持分 | （※5）10,000 |

（注）　資本連結は繰越し

③　設立出資後（非支配株主が存在する場合）の資本連結

設立出資後に資本関係に関する特殊な変化がない場合，連結会計年度ごとに，一般的には以下の連結仕訳が発生することが想定されます。

> - 支配獲得後（設立出資後）に生じた連結子会社の利益剰余金（当期純利益）のうち非支配株主に帰属する部分を非支配株主持分に計上（連結会計基準（注7）(2)，資本連結実務指針24項）
> - 支配獲得後（設立出資後）に生じた連結子会社の評価・換算差額等のうち非支配株主に帰属する部分を非支配株主持分に計上（連結会計基準（注7）(2)）
> - 配当金の相殺（資本連結実務指針24項）

ここでは，上記の連結仕訳について解説します。

(i)　当期純利益の按分

非支配株主が存在しない場合，連結子会社の当期純利益は親会社の当期純利益にすべて合算されます。これは，連結財務諸表において，企業集団の損益を1つの会社のように表現するためです。

一方で，非支配株主が存在する場合，連結子会社の当期純利益を合算した後に，親会社に帰属する部分と非支配株主に帰属する部分とに按分する必要があります（連結会計基準（注7）(2)，資本連結実務指針24項）。これは，連結子会社の実質的な持分は，親会社のみならず非支配株主も有しているため，連結子会社の1年間の事業活動により生じた当期純利益についても，相応の按分をする必要があるためです。

例えば，連結子会社が1年間の事業活動の成果として獲得した当期純利益を株主に配当する場合を想定します。基本的には持株比率に応じて，各株主に配分されることとなるため，結果的には連結子会社が獲得した成果である当期純利益は，親会社のみならず外部株主にも配分されることになります。このような経済的実態を連結損益計算書上にも反映させるため，連結子会社が計上した当期純利益は，親会社と非支配株主に按分されることになります。

したがって，子会社の当期純利益のうち非支配株主に帰属する部分については，非支配株主持分比率に基づき，連結損益計算書の非支配株主に帰属する当期純利益に計上するとともに，非支配株主持分を加減する必要があります（資本連結実務指針24項）。この連結仕訳を示したものがパターンⅠ－4－3とな

ります。

パターンⅠ－４－３	当期純利益の按分

[前提条件（連結会社は３月決算を前提）]
① 親会社Ｐ社は外部株主とともに，X2年３月31日に連結子会社Ａ社を設立しています。
② 親会社Ｐ社の持分比率は80%，非支配株主持分比率は20%です。
③ X3年３月31日の各社の個別 P/L の勘定科目残高は所与とします。
④ その他の勘定科目や前提条件は考慮しません。

[各社個別 F/S および連結 F/S]
【X3年３月期】

P社個別 P/L

費　　用	150,000	収　　益	200,000
当期純利益	50,000		

A社個別 P/L

費　　用	80,000	収　　益	100,000
当期純利益	20,000		

P社連結 P/L

費　　用(※1)	230,000	収　　益(※4)	300,000
非支配株主に帰属する当期純利益(※2)	4,000		
親会社株主に帰属する当期純利益(※3)	66,000		

（※１）　230,000＝150,000（親会社Ｐ社費用）＋80,000（連結子会社Ａ社費用）
（※２）　4,000＝20,000（連結子会社Ａ社当期純利益）×20%（非支配株主持分比率（前提条件②参照））
（※３）　66,000＝50,000（親会社Ｐ社当期純利益）＋20,000（連結子会社Ａ社当期純利益）－4,000（（※２）参照）
（※４）　300,000＝200,000（親会社Ｐ社収益）＋100,000（連結子会社Ａ社収益）

[X3年３月期の連結仕訳]
＜当期純利益への按分＞

（借）　非支配株主に帰属する当期純利益	(※2)4,000	（貸）　非支配株主持分	(※2)4,000

（※２）　4,000＝20,000（連結子会社Ａ社当期純利益）×20%（非支配株主持分比率）

　この連結仕訳により，連結子会社Ａ社で計上された当期純利益のうち非支配株主に帰属する部分が振り替えられます。

[X4年3月期の連結仕訳]

＜開始仕訳（投資と資本の相殺消去）＞

（借）　利益剰余金期首残高	（＊2）4,000	（貸）　非支配株主持分	（＊2）4,000

（注）　資本連結は繰越し（該当部分のみ）

(ii)　連結子会社の評価・換算差額等

　連結子会社において評価・換算差額等が発生した場合には，当期純利益の按分と同様に，非支配株主に帰属する部分を非支配株主持分に按分する処理が必要となります（連結会計基準（注7）(2)）。この連結仕訳を示したものがパターンⅠ－4－4となります。

パターンⅠ－4－4　　評価・換算差額等の按分

[前提条件（連結会社は3月決算を前提）]

① 親会社P社は外部株主とともに，X2年3月31日に連結子会社A社を設立しています。
② 親会社P社の出資は40,000（親会社持分比率80％），外部株主である非支配株主の出資は10,000（非支配株主持分比率20％）です。
③ 連結子会社A社は，受け入れた出資を資本金として処理しています（資本金50,000）。
④ X3年3月31日の各社の個別B/Sおよび個別P/Lの勘定科目残高は所与とします。
⑤ その他の勘定科目や前提条件は考慮しません。

[各社個別F/Sおよび連結F/S]
【X3年3月期】

P社個別B/S

その他資産	180,000	資本金	100,000
子会社株式	40,000	利益剰余金	120,000

A社個別B/S

その他資産	30,000	資本金	50,000
土地	25,000	利益剰余金	20,000
投資有価証券	20,000	その他有価証券評価差額金	5,000

P社個別P/L

費用	150,000	収益	200,000
当期純利益	50,000		

A社個別P/L

費用	80,000	収益	100,000
当期純利益	20,000		

P社連結 B/S	
その他資産 (*1)210,000	資　本　金 (*4)100,000
土　　　地 (*2)25,000	利益剰余金 (*5)136,000
投資有価証券 (*3)20,000	その他有価証 (*6)4,000 券評価差額金
	非支配株主持分 (*7)15,000

P社連結 P/L	
費　　　用 (注)230,000	収　　　益 (注)300,000
非支配株主に (注)4,000 帰属する当期純利益	
親会社株主に (注)66,000 帰属する当期純利益	

- (※１)　210,000＝180,000（親会社Ｐ社その他資産）＋30,000（連結子会社Ａ社その他資産）
- (※２)　25,000……連結子会社Ａ社土地
- (※３)　20,000……連結子会社Ａ社投資有価証券
- (※４)　100,000……親会社Ｐ社資本金
- (※５)　136,000……120,000（親会社Ｐ社利益剰余金）＋20,000（連結子会社Ａ社利益剰余金）－20,000（連結子会社Ａ社利益剰余金）×20％（非支配株主持分比率（前提条件㋺参照））
- (※６)　4,000＝5,000（連結子会社Ａ社その他有価証券評価差額金）－1,000（5,000（連結子会社Ａ社その他有価証券評価差額金）×20％（非支配株主持分比率（前提条件㋺参照）））
- (※７)　15,000＝50,000（連結子会社Ａ社資本金）×20％（非支配株主持分比率（前提条件㋺参照））＋20,000（連結子会社Ａ社利益剰余金）×20％（非支配株主持分比率（前提条件㋺参照））＋5,000（連結子会社Ａ社その他有価証券評価差額金）×20％（非支配株主持分比率（前提条件㋺参照））
- (注)　パターンⅠ－４－３をご参照ください。

［X3年３月期の連結仕訳］

＜開始仕訳（投資と資本の相殺消去）＞

(借)	資　　本　　金	(*8)50,000	(貸)	子 会 社 株 式	(*9)40,000
				非支配株主持分	(*10)10,000

- (※８)　50,000……前提条件㋩参照
- (※９)　40,000……前提条件㋺参照
- (※10)　10,000＝50,000（連結子会社Ａ社資本金）×20％（非支配株主持分比率（前提条件㋺参照））

＜当期純利益の按分＞

(借)	非支配株主に帰属 する当期純利益	(*11)4,000	(貸)	非支配株主持分	(*11)4,000

- (※11)　4,000＝20,000（連結子会社Ａ社当期純利益）×20％（非支配株主持分比率（前提条件㋺参照））

＜評価・換算差額等の按分＞

(借)	その他有価証券 評 価 差 額 金	(*12)1,000	(貸)	非支配株主持分	(*12)1,000

- (※12)　1,000＝5,000（連結子会社Ａ社その他有価証券評価差額金増加額）×20％（非支配株主持分比率（前提条件㋺参照））

　この連結仕訳により，連結子会社 A 社で計上されたその他有価証券評価差額金のうち非支配株主に帰属する部分が振り替えられます。

［X4年 3 月期の連結仕訳］
＜開始仕訳（投資と資本の相殺消去）＞

（借）	資　　本　　金	(※8)50,000	（貸）	子 会 社 株 式	(※9)40,000
	その他有価証券評 価 差 額 金	(※12)1,000		非支配株主持分	(※7)15,000
	利益剰余金期首残高	(※11)4,000			

（注）　資本連結は繰越し

(iii)　配当金の相殺

　設立出資後に連結子会社において配当金の支払いが行われた場合，連結子会社から親会社への配当は連結会社相互間の取引として相殺消去されますが，外部株主である非支配株主への配当については，企業集団外部への配当による利益剰余金の減少を非支配株主持分に負担させます（資本連結実務指針24項後段）。この連結仕訳を示したものがパターンⅠ－4－5となります。

パターンⅠ－4－5　　配当金の相殺

［前提条件（連結会社は 3 月決算を前提）］
① 　親会社 P 社は外部株主とともに，X2年 3 月31日に連結子会社 A 社を設立しています。
② 　親会社持分比率は80％，非支配株主持分比率は20％です。
③ 　連結子会社 A 社は，X3年 6 月30日に配当金を500支払っています（親会社へ400，外部株主へ100）。
④ 　その他の勘定科目や前提条件は考慮しません。

［取引関係図］

【X4年3月31日】

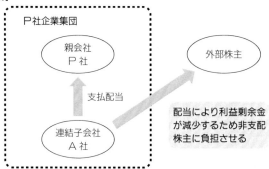

［X4年3月期の連結仕訳］

＜配当金の相殺＞

（借）　受取配当金	(※1)400	（貸）　支払配当金	(※2)500
非支配株主持分	(※3)100		

（※1）　400……親会社P社受取配当金（前提条件③参照）

（※2）　500……連結子会社A社の株主資本等変動計算書に計上された支払配当金（前提条件③）

（※3）　100＝500（連結子会社A社支払配当金）×20％（非支配株主持分比率（前提条件②参照））

［X5年3月期の連結仕訳］

＜開始仕訳（投資と資本の相殺消去）＞

（借）　非支配株主持分	(※3)100	（貸）　利益剰余金期首残高	(※4)100

（※4）　100……受取配当金と支払配当金の差額（両方とも利益剰余金の増減科目のため）

④　株式取得の資本連結（一般的な株式取得の場合）

　株式取得によりある会社の議決権比率の過半数以上を取得し，会社の意思決定機関を支配した場合，当該会社は（連結）子会社となりますが，設立出資の資本連結に加え複数の論点が生じます。

　株式取得により連結子会社化した場合の資本連結については，概ね以下の手順により行われますが，ここでは，設立出資の資本連結から追加される主な論点を取り上げてから具体的なパターンを解説します。なお，ここで取り上げる

資本連結は1回の株式取得で対象会社を支配した場合を想定しています。

- 子会社の資産および負債の時価評価
- 子会社の資本を親会社持分と非支配株主持分に按分
- 親会社の子会社に対する投資とこれに対応する資本を相殺し，差額が生じた場合にはのれん（または負ののれん）を計上
- 支配獲得後の処理（のれんの償却（設立出資からの追加論点として））
- 取得関連費用の取扱い

(i) 子会社の資産および負債の時価評価

　連結貸借対照表の作成にあたっては，支配獲得日において，子会社の資産および負債を時価により評価し，この時価評価額と当該資産および負債の個別貸借対照表上の金額との差額を資産および負債の帳簿価額の修正額として計上するとともに，その純額を評価差額として子会社の資本に計上しなければならないと定められています（資本連結実務指針11項）。子会社の資産および負債のすべてを支配獲得日の時価により評価するこの方法は，全面時価評価法と呼ばれており（連結会計基準20項），時価とは原則として市場価格等に基づく価格と定められています（資本連結実務指針12項）。

　設立出資の場合，出資時点において支配を獲得しており，当該時点では時価評価額と帳簿価額に差異は生じないため，評価差額の論点は生じません。一方で株式取得の場合，支配獲得日時点において資産および負債を有していることから，当該資産および負債に対して時価評価する必要があります。

　例えば，支配獲得日時点で連結子会社が土地を有しており，多額の含み益がある場合，連結子会社の個別財務諸表上は当該含み益が反映されていないため，土地を時価評価して，その評価差額を子会社の資本として計上することとなります。この関係を示したものがパターンⅠ－4－6となります。

パターンⅠ－4－6　　資産および負債の時価評価

[前提条件（連結会社は3月決算を前提）]

① 親会社P社は，X2年3月31日にA社の議決権比率の80%の株式を取得し連結子会社としています。

② 支配獲得日において，帳簿価額と時価に差額があった資産および負債は以下のも

のとします。

（土地）帳簿価額25,000，時価50,000，評価差額25,000

③　その他の勘定科目や前提条件は考慮しません。

［X2年3月期の連結仕訳］

＜個別修正仕訳（評価差額）＞

（借）土　　　　地	（※1）25,000	（貸）評　価　差　額	（※1）25,000

（※1）　25,000……時価評価差額（前提条件②参照）

　個別修正仕訳は，連結仕訳を作成する上で必要な個別財務諸表の修正仕訳となります。連結子会社A社の個別財務諸表上は，土地は取得原価で計上されていますが，今回の時価評価はあくまで連結決算で必要な調整項目となります。このため，連結仕訳の中で調整を行うこととなります。また，評価差額は資本として処理され，投資と資本の相殺消去の対象となります。

［X3年3月期の連結仕訳］

＜開始仕訳（個別修正仕訳（評価差額））＞

（借）土　　　　地	（※1）25,000	（貸）評　価　差　額	（※1）25,000

（注）　評価差額のため繰越し

　なお，当該土地を将来売却した場合，個別財務諸表上で計上されていた固定資産売却損益を調整することとなります。

［XX年3月期の連結仕訳］

＜開始仕訳（個別修正仕訳（評価差額））＞

（借）土　　　　地	25,000	（貸）評　価　差　額	25,000

＜個別修正仕訳（損益調整）＞

（借）固定資産売却損益	（※2）25,000	（貸）土　　　　地	（※2）25,000

（※2）　25,000……売却損益の調整

(ii)　資本連結で消去される連結子会社の資本

　設立出資の資本連結の場合，投資と資本の相殺消去における資本の概念に論点は生じませんが，株式取得による資本連結の場合，相殺される連結子会社の資本の範囲を明確にする必要があります。資本連結実務指針第9項では，資本連結において相殺消去の対象とすべき資本について，以下のものが定められています。

> - 個別貸借対照表上の純資産の部における株主資本
> - 個別貸借対照表上の純資産の部における評価・換算差額等
> - 資産および負債の時価と当該資産および負債の個別貸借対照表上の金額との差額（評価差額）

　以上の取扱いにより，評価差額は資本として，投資と資本の相殺消去の対象となります。なお，相殺消去の対象となる子会社の資本には，新株予約権は含まれないことにご留意ください。

(iii)　投資と資本の相殺消去によるのれんの発生

　親会社の子会社に対する投資とこれに対応する連結子会社の資本は相殺消去が行われ，差額が生じる場合には，のれん（または負ののれん）が計上されます（連結会計基準24項）。設立出資の資本連結の場合，投資と資本の相殺消去においては両者で差額は生じませんが，株式取得の場合には，ほとんどのケースで差額が生じます。これは，株式取得による買収の場合，その買収価額がさまざまな算定手法を用いて決定された金額となっているためです。特に買収対象会社の将来の成長性等も加味して買収価額が算定されている場合，資本に対して多額の投資額が相殺消去されることから，のれんが多額に生じることがあります。

　なお，子会社の資本より投資額が大きい場合には，のれんが発生し無形固定資産に計上されますが，投資額のほうが子会社の資本よりも小さい場合には，負ののれんが発生します（企業結合会計基準31項，47項）。負ののれんが発生した場合には，負ののれんの発生益として原則として特別利益に計上されます（企

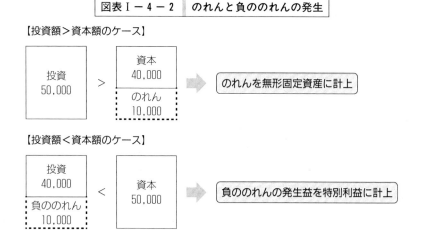

図表 I － 4 － 2　のれんと負ののれんの発生

【投資額＞資本額のケース】

| 投資 50,000 | ＞ | 資本 40,000 |
| | | のれん 10,000 |

➡ のれんを無形固定資産に計上

【投資額＜資本額のケース】

| 投資 40,000 | ＜ | 資本 50,000 |
| 負ののれん 10,000 | | |

➡ 負ののれんの発生益を特別利益に計上

業結合会計基準33項, 48項)。この関係を示したものが図表 I － 4 － 2 となります。

(iv)　のれんの償却

　資本連結により発生したのれんについては，無形固定資産に計上後，20年以内のその効果の及ぶ期間にわたり，定額法その他合理的な方法により規則的に償却され（企業結合会計基準32項），この償却額は販売費及び一般管理費に計上されます（企業結合会計基準47項）。なお，のれんの償却開始時期は企業結合日[1]となり，のれんの償却期間および償却方法は，企業結合[2]ごとに取得企業[3]が決定することとなります（企業結合適用指針76項(1), (6)）。のれんの償却期間の決定方法については，後記「4 (3)　のれんの償却期間と重要性の取扱い」をご参照ください。

(v)　株式取得による資本連結の具体的な処理

　株式取得による資本連結を行うための必要な論点は以上となりますが，連結仕訳はパターン I － 4 － 7 となります。

1　被取得企業または取得した事業に対する支配が取得企業に移転した日（企業結合会計基準15項）。
2　ある企業またはある企業を構成する事業と他の企業または他の企業を構成する事業が 1 つの報告単位に統合されること（企業結合会計基準 5 項）。
3　ある企業または企業を構成する事業を取得する企業（企業結合会計基準10項）。

| パターンⅠ−4−7 | 株式取得の資本連結（一括取得による支配獲得） |

[前提条件（連結会社は3月決算を前提）]
① 親会社P社は，X2年3月31日にA社の議決権比率の80%の株式（取得価額 100,000）を取得し連結子会社としています。
　　なお，非支配株主持分比率は20%です。
② 支配獲得日時点（X2年3月31日時点）において，帳簿価額と時価に差額があった資産および負債は以下のものとします。
　　（土地）帳簿価額25,000，時価50,000，評価差額25,000
③ のれんは定額法により5年で償却します。
④ 各社の個別B/Sの勘定科目残高は所与とします。
⑤ その他の勘定科目や前提条件は考慮しません。

[取引関係図]
【X2年3月31日】

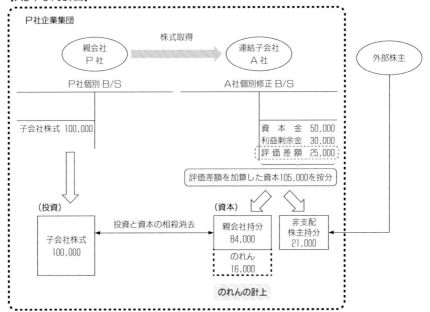

[各社個別F/Sおよび連結F/S]
【X2年3月期】

P社個別B/S

| その他資産 | 250,000 | 資　本　金 | 200,000 |
| 子会社株式 | 100,000 | 利益剰余金 | 150,000 |

A社個別B/S（修正前）

| その他資産 | 55,000 | 資　本　金 | 50,000 |
| 土　　地 | 25,000 | 利益剰余金 | 30,000 |

P社連結B/S

その他資産(*1)305,000	資 本 金(*4)200,000
土　　地(*2)50,000	利益剰余金(*5)150,000
の れ ん(*3)16,000	非支配株主持分(*6)21,000

（※1）　305,000＝250,000（親会社P社その他資産）＋55,000（連結子会社A社その他資産）

（※2）　50,000……連結子会社A社時価評価後の土地（前提条件㋺参照）

（※3）　16,000＝100,000（親会社P社子会社株式）－（50,000（連結子会社A社資本金）＋
　　　　30,000（連結子会社A社利益剰余金）＋25,000（評価差額（前提条件㋺参照）））×80%
　　　　（親会社P社持分比率（前提条件①参照））

（※4）　200,000……P社資本金

（※5）　150,000……P社利益剰余金

（※6）　21,000＝（50,000（連結子会社A社資本金）＋30,000（連結子会社A社利益剰余金）＋
　　　　25,000（評価差額（前提条件㋺参照）））×20%（非支配株主持分比率（前提条件①参照））

[X2年3月期の連結仕訳]

＜個別修正仕訳（評価差額）＞

（借）　土　　　　　地	(*7)25,000	（貸）　評 価 差 額	(*7)25,000

（※7）　25,000……時価評価差額（前提条件㋺参照）

＜投資と資本の相殺消去＞

（借）　資　　本　　金	(*8)50,000	（貸）　子 会 社 株 式	(*11)100,000
利 益 剰 余 金	(*9)30,000	非支配株主持分	(*6)21,000
評 価 差 額	(*10)25,000		
の　　れ　　ん	(*3)16,000		

（※3）　16,000……上記（※3）と同じ

（※6）　21,000……上記（※6）と同じ

（※8）　50,000……連結子会社A社資本金

（※9）　30,000……連結子会社A社利益剰余金

（※10）　25,000……前提条件㋺参照

（※11）　100,000……親会社P社の子会社株式

[X3年3月期の連結仕訳]

＜開始仕訳（修正仕訳（評価差額））＞

（借）　土　　　　　地	(*7)25,000	（貸）　評 価 差 額	(*7)25,000

（注）　資本連結は繰越し

＜開始仕訳（投資と資本の相殺消去）＞

（借）	資　　本　　金	(※8)50,000	（貸）	子 会 社 株 式	(※11)100,000
	利益剰余金期首残高	(※9)30,000		非支配株主持分	(※6)21,000
	評　価　差　額	(※10)25,000			
	の　　れ　　ん	(※3)16,000			

（注）　資本連結は繰越し

＜のれんの償却＞

（借）	の れ ん 償 却 額	(※12)3,200	（貸）	の　　れ　　ん	(※12)3,200

（※12）　3,200＝16,000（のれんの当初計上額）÷5年（償却年数（前提条件③参照））

(vi)　取得関連費用の取扱い

　株式取得により会社の支配権を獲得する場合，個別財務諸表上は子会社株式が計上されますが，この株式取得に係る付随費用については，子会社株式の取得原価に含めて計上されます（金融商品実務指針56項）。一方で連結財務諸表においては，取得関連費用は発生した連結会計年度の費用として処理することが定められています（資本連結実務指針8項，企業結合会計基準26項）。

　ここで，取得関連費用とは，外部のアドバイザー等に支払った特定の報酬・手数料等であり（企業結合会計基準26項），個別財務諸表において子会社株式の取得原価に含められる付随費用だけではなく，より広い範囲の支出を含むものとされています（「金融商品会計に関するQ&A」Q15-2）。

　このため，支配獲得年度の連結財務諸表を作成する場合，個別財務諸表上で計上されている子会社株式に含まれる付随費用を，連結決算において費用として処理する必要があります。

　この連結仕訳を示したものがパターンⅠ-4-8となります。

パターンⅠ-4-8　　取得関連費用の取扱い

[前提条件（連結会社は3月決算を前提）]

① 　親会社P社は，X2年3月31日にA社の議決権比率の100%の株式を取得し連結子会社としています。

② 　株式価額は50,000，付随費用は10,000とします（個別財務諸表上の子会社株式の計上金額は60,000）。

③ 　その他の勘定科目や前提条件は考慮しません。

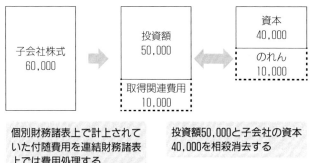

個別財務諸表上で計上されて
いた付随費用を連結財務諸表
上では費用処理する

投資額50,000と子会社の資本
40,000を相殺消去する

[X2年3月期の連結仕訳]

＜個別修正仕訳（損益調整）＞

| (借)　支 払 手 数 料 | (※1)10,000 | (貸)　子 会 社 株 式 | (※1)10,000 |

(※1)　10,000……取得関連費用（前提条件②参照）

　取得関連費用を連結財務諸表上で費用処理するため，子会社株式のうち付随費用を個別修正仕訳により費用処理します。これにより，親会社 P 社の投資額50,000と連結子会社 A 社の資本が相殺消去されます。

[X3年3月期の連結仕訳]

＜開始仕訳（個別修正仕訳（損益調整））＞

| (借)　利益剰余金期首残高 | (※1)10,000 | (貸)　子 会 社 株 式 | (※1)10,000 |

(注)　損益調整のため繰越し

⑵　特殊な資本連結

　連結財務諸表を作成する上で実務上起こり得る基本的なパターンは，前記「(1)　基本的な資本連結」で解説したとおりですが，資本連結においては子会社株式を追加取得する場合や，保有する株式を売却するケース等も起こり得ます。ここでは，子会社株式の追加取得や売却等について，特に実務でも取り上げられることが多いと想定される項目について，そのパターンごとの連結仕訳を解説していきます。

①　株式取得の資本連結（特殊な資本連結）

　株式取得による特殊な資本連結として，ここでは以下のパターンを取り上げます。

	図表Ⅰ－4－3	株式取得による特殊な資本連結のパターン

パターン	項　目	内　容
Ⅰ－4－9	株式の段階取得 ➡株式を段階的に取得して支配を獲得する	議決権比率10％保有の状態から議決権比率の70％を段階取得（合計80％）
Ⅰ－4－10	株式の追加取得 ➡連結子会社の状態で株式を追加取得して議決権比率が増加した場合	議決権比率80％保有の状態から議決権比率の10％を追加取得（合計90％）

　なお，段階的に株式を取得して，会社の支配権を獲得し連結子会社化することは，段階取得と呼ばれています（企業結合会計基準25項）。また，一回の株式取得で会社の支配権を獲得することは，一般的には一括取得と呼ばれており，前記のパターンⅠ－4－7がこれに当たります。

(i)　段階取得による資本連結（10％保有から70％の株式を段階取得）

　連結財務諸表において，株式の段階取得により支配を獲得した場合，支配獲得前から保有していた株式にも支配獲得日の時価を付すことになります（資本連結実務指針8項，企業結合会計基準25項(2)）。これは，子会社株式の取得原価は当該子会社を取得するために必要な額とすべきとする考え方によるためです。このため，子会社の資本と相殺消去する親会社の投資の金額は支配獲得日の時価と定められています（連結会計基準23項(1)）。

　例えば，従来からある会社の議決権比率の10％の株式を保有していた会社が，追加で70％の株式を取得した場合を想定します。個別財務諸表上は，個々の取引ごとの取得原価の合計額で子会社株式が計上されますが，連結財務諸表においては，支配獲得日である70％の株式を取得した時点の時価で，従来から保有していた10％の株式も評価替えを行うこととなります。これにより，保有する80％のすべての株式が支配獲得日の時価で評価され，子会社の資本と相殺消去されます。

　なお，個別財務諸表上の取得原価と連結財務諸表上の投資額の差額（今回の

想定では，従来から保有していた10％の株式の評価替え部分）は，連結財務諸表上は段階取得に係る損益として連結損益計算書に計上されます（資本連結実務指針8項，企業結合会計基準25項(2)）。

　この連結仕訳を示したものがパターンⅠ－4－9となります。

パターンⅠ－4－9　段階取得による資本連結

［前提条件（連結会社は3月決算を前提）］

① 親会社P社は，X1年3月31日にA社の議決権比率の10％の株式（取得価額8,000）を取得しています。

② 親会社P社は，X2年3月31日にA社の議決権比率の70％の株式（取得価額70,000）を取得し連結子会社としています。

　このため，X2年3月31日時点で議決権比率の80％（非支配株主持分比率20％）を保有し支配しています。

　X1年3月31日とX2年3月31日の株式取得に係る株式数と取得単価は，以下のとおりです。

	X1年3月31日取得分	X2年3月31日取得分
取得単価	80	100
取得株式数	100	700
取得価額	8,000	70,000

③ 支配獲得時（X2年3月31日時点）において，帳簿価額と時価に差額があった資産および負債はありません。

④ 各社の個別B/Sの勘定科目残高は所与とします。

⑤ その他の勘定科目や前提条件は考慮しません。

［取引関係図］
【X2年3月31日】

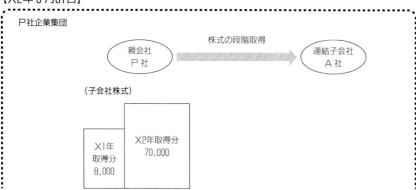

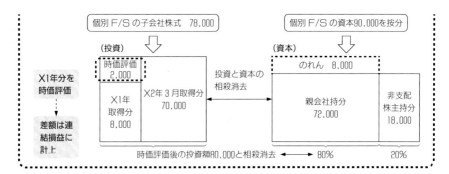

[各社個別 F/S]
【X2年 3 月期】

		P社個別 B/S				A社個別 B/S			
その他資産	250,000	資 本 金	200,000		その他資産	65,000	資 本 金	50,000
子会社株式	78,000	利益剰余金	128,000		土 地	25,000	利益剰余金	40,000

[X2年 3 月期の連結仕訳]

<個別修正仕訳（損益調整）>

> (借) 子 会 社 株 式 （※1）2,000 （貸) 段階取得に係る損益 （※1）2,000

（※1） 2,000＝(100（X2年 3 月31日取得単価（前提条件②参照)）－80（X1年 3 月31日取得単価（前提条件②参照)）)×100（X1年 3 月31日取得株式数（前提条件②参照)）

　親会社 P 社は連結子会社 A 社を段階取得により取得しています。このため，支配獲得日以前に保有していた株式の取得価額について，支配獲得日の時価に評価替えを行います。今回の場合，支配獲得日以前に10%の株式を取得していたため，当該株式を支配獲得日の時価に評価替えします。なお，当該仕訳は，連結財務諸表を作成するための個別財務諸表の修正のため，個別修正仕訳で計上します。

<投資と資本の相殺消去>

> (借) 資 本 金 （※2）50,000 （貸) 子 会 社 株 式 （※3）80,000
> 利 益 剰 余 金 （※4）40,000 非支配株主持分 （※5）18,000
> の れ ん （※6）8,000

（※2） 50,000……連結子会社 A 社資本金
（※3） 80,000＝78,000（親会社 P 社の子会社株式)＋2,000（(※1）の段階取得に係る損益)
（※4） 40,000……連結子会社 A 社利益剰余金
（※5） 18,000＝(50,000（連結子会社 A 社資本金)＋40,000（連結子会社 A 社利益剰余金)）×20%（非支配株主持分比率（前提条件②参照)）
（※6） 8,000＝80,000（時価評価後の親会社 P 社子会社株式)－(50,000（連結子会社 A 社資本金)＋40,000（連結子会社 A 社利益剰余金)）×80%（親会社 P 社持分比率（前提

条件⓺参照））

［X2年3月期の連結仕訳］

＜開始仕訳（個別修正仕訳（損益調整））＞

| （借）子 会 社 株 式 | (※1)2,000 | （貸）利益剰余金期首残高 | (※1)2,000 |

（注）　資本連結は繰越し

＜開始仕訳（投資と資本の相殺消去）＞

（借）資　　本　　金	(※2)50,000	（貸）子 会 社 株 式	(※3)80,000
利益剰余金期首残高	(※4)40,000	非支配株主持分	(※5)18,000
の　　れ　　ん	(※6)8,000		

（注）　資本連結は繰越し

(ii)　株式の追加取得（80％保有から10％の株式追加取得）

　支配獲得後に子会社株式を追加取得した場合，追加取得日の子会社の資本のうち追加取得した株式に対応する持分を非支配株主持分から減額して親会社持分を増加させるとともに，追加取得により増加した親会社持分（追加取得持分）と追加投資額を相殺消去し，消去差額を資本剰余金として処理します（連結会計基準28項，資本連結実務指針37項）。

　会社の支配権を獲得するような株式取得の場合，投資と資本の相殺消去の結果として発生した差額はのれん（または負ののれん）として処理されますが，会社の支配権を獲得してからの追加取得の場合，投資と資本の相殺消去の結果として発生した差額は資本剰余金として処理されます。これは，支配獲得後の株式の追加取得は，支配株主たる親会社と非支配株主との間での持分の取引であることから，広い意味で資本取引として考えられているためです。

　なお，追加取得した場合の資本剰余金は，以下のように算定されます（資本連結実務指針39項）。

> 資本剰余金＝追加投資額－追加取得前の非支配株主持分残高×追加取得持分比率÷追加取得前の非支配株主持分比率

　この連結仕訳を示したものがパターンⅠ－4－10となります。

パターンⅠ-4-10 / 株式の追加取得による資本連結

[前提条件（連結会社は3月決算を前提）]

① 親会社P社は，X2年3月31日にA社の議決権比率の80%の株式（取得価額80,000）を取得しています。

② X2年3月31日の連結子会社A社の純資産は，資本金50,000，利益剰余金40,000とします。

③ 支配獲得時（X2年3月31日時点）において，帳簿価額と時価に差額があった資産および負債はありません。

④ 親会社P社はX3年3月31日に連結子会社A社の議決権比率の10%の株式（取得価額12,000）を追加取得しています。

⑤ 各社の個別B/Sの勘定科目残高は所与とします。

⑥ その他の勘定科目や前提条件は考慮しません。

[取引関係図]
【X2年3月31日～X3年3月31日】

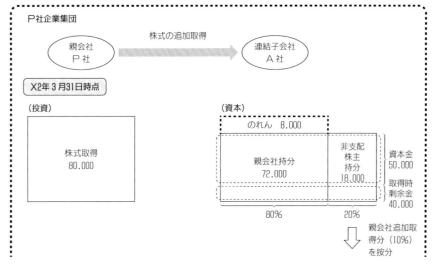

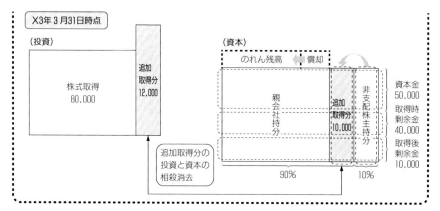

[各社個別 F/S]
【X3年 3 月期】

P社個別 B/S				A社個別 B/S			
その他資産	250,000	資　本　金	200,000	その他資産	75,000	資　本　金	50,000
子会社株式	92,000	利益剰余金	142,000	土　　　地	25,000	利益剰余金	50,000

[X3年 3 月期の連結仕訳]
<投資と資本の相殺消去（追加取得分）>

（借）	非支配株主持分	(※1)10,000	（貸）	子 会 社 株 式	(※2)12,000
	資 本 剰 余 金	(※3)2,000			

- （※1）　10,000＝20,000（50,000（連結子会社 A 社資本金）＋50,000（連結子会社 A 社利益
剰余金））×20%（追加取得前非支配株主持分比率））×10%（追加取得持株比率）÷20%
（追加取得前非支配株主持分比率）
- （※2）　12,000……親会社 P 社追加取得分（前提条件④参照）
- （※3）　2,000……差額

　　10%の追加取得について，対応する非支配株主持分の減少額と親会社 P 社の追加
投資額の相殺消去を行い，差額分を資本剰余金として処理します。

[X4年 3 月期の連結仕訳]
<開始仕訳（投資と資本の相殺消去）>

（借）	非支配株主持分	(※1)10,000	（貸）	子 会 社 株 式	(※2)12,000
	資 本 剰 余 金	(※3)2,000			

- （注）　資本連結は繰越し（追加取得のみ）
　　　　なお，翌連結会計年度では，設立出資や追加取得のような資本連結をまとめて開始仕訳
として計上します。

②　株式売却の資本連結

連結子会社の株式を売却した場合については，図表Ⅰ－4－4に掲げたパターンを解説します。

図表Ⅰ－4－4　株式売却の資本連結パターン

パターン	項　目	内　容
Ⅰ－4－11	子会社株式を売却した後も支配が継続している場合	議決権比率80%保有の状態から議決権比率の10%を売却（結果70%）
Ⅰ－4－12	子会社株式を売却した後，支配を喪失した場合 →子会社ではなくなる場合	議決権比率80%保有の状態から議決権比率の70%を売却（結果10%）
Ⅰ－4－13	子会社株式をすべて売却した場合	議決権比率80%保有の状態からすべての株式を売却

(i)　子会社株式を売却した後も支配が継続している場合（80%保有の状態から10%の株式を売却して70%保有）

子会社株式の一部を売却したが，親会社と子会社の支配関係が継続している場合，売却した株式に対応する持分を親会社の持分から減額し，非支配株主持分を増額するとともに，売却による親会社の持分の減少額（売却持分）と売却価額との間に生じた差額は，資本剰余金として処理します（連結会計基準29項，資本連結実務指針42項）。差額を資本剰余金として処理することは，株式の追加取得と同じ論拠であり，株式売却後も支配が継続している場合には，非支配株主との持分の取引により生じた差額であることから，広い意味での資本取引となるためです。

なお，支配が継続している場合，のれんの未償却残高については，子会社株式を一部売却した場合等においては減額しないことにご留意ください（連結会計基準66-2項，資本連結実務指針44項）。

この関係を示したものがパターンⅠ－4－11となります。

パターンⅠ－4－11　支配が継続する子会社株式の一部売却

[前提条件（連結会社は3月決算を前提）]
①　親会社P社は，X2年3月31日にA社の議決権比率の80%の株式（取得価額

80,000）を取得しています。

② 　X2年3月31日の連結子会社 A 社の純資産は，資本金50,000，利益剰余金30,000
とします。

③ 　支配獲得時（X2年3月31日時点）において，帳簿価額と時価に差額があった資産
および負債はありません。

④ 　親会社 P 社は，X3年3月31日に連結子会社 A 社の議決権比率の10％の株式（帳
簿価額10,000，売却価額12,000，売却益2,000）を売却しています。

⑤ 　のれんは定額法で5年で償却します。

⑥ 　各社の個別 B/S の勘定科目残高は所与とします。

⑦ 　その他の勘定科目や前提条件は考慮しません。

［取引関係図］
【X2年3月31日〜X3年3月31日】

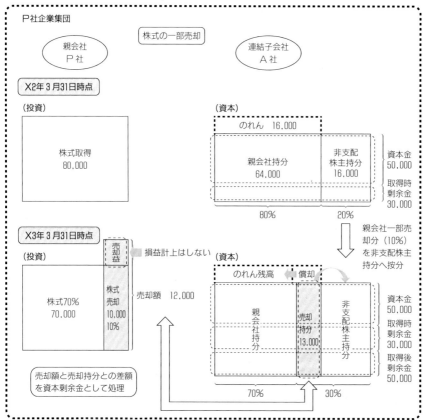

[各社個別 F/S]
【X3年3月期】

	P社個別 B/S		
その他資産	250,000	資　本　金	200,000
子会社株式	70,000	利益剰余金	120,000

	A社個別 B/S		
その他資産	105,000	資　本　金	50,000
土　　　地	25,000	利益剰余金	80,000

[X3年3月期の連結仕訳]

<投資と資本の相殺消去（一部売却）>

（借）子 会 社 株 式	(※1)10,000	（貸）非支配株主持分	(※2)13,000
子会社株式売却益	(※3)2,000		
資 本 剰 余 金	(※4)1,000		

（※1）　10,000……10％分株式売却帳簿価額（前提条件④参照）
（※2）　13,000＝(50,000（連結子会社A社資本金)＋80,000（連結子会社A社利益剰余金))×10％（売却持分比率）
（※3）　2,000……子会社株式売却益（前提条件④参照）
（※4）　1,000……差額

　10％の一部売却について，売却持分（非支配株主の増加額）と売却した株式の帳簿価額に売却損益を加算した金額で相殺消去を行い，差額分を資本剰余金として処理します。これにより，売却差額は連結損益計算書に計上されません。また，この仕訳ではのれんの未償却残高の調整は行いません。

[X4年3月期の連結仕訳]

<開始仕訳（投資と資本の相殺消去）>

（借）子 会 社 株 式	(※1)10,000	（貸）非支配株主持分	(※2)13,000
利益剰余金期首残高	(※3)2,000		
資 本 剰 余 金	(※4)1,000		

（注）　資本連結は繰越し

　なお，翌連結会計年度では，設立出資や一部売却のような資本連結をまとめて開始仕訳として計上します。

(ii)　**子会社株式を売却し支配が喪失した場合（80％保有で70％の株式を売却して10％保有）**

　子会社株式を一部売却したことにより支配が喪失し，連結子会社にも関連会社にも該当しなくなった場合，連結財務諸表上の投資額は，親会社の個別貸借

対照表上の帳簿価額で評価されます（連結会計基準29項）。

　親会社の個別損益計算書に計上された子会社株式売却損益については，支配獲得後の利益剰余金等のうち売却持分に相当する部分を加減算します（資本連結実務指針46項また書き，45項）。

　のれんの未償却残高については，支配が喪失した場合には，売却により減少する親会社持分に相当する部分を子会社株式売却損益として処理します（資本連結実務指針46項）。

　なお，残存する投資額は個別財務諸表上の帳簿価額として評価されるため，連結財務諸表上の残存する持分相当額と個別財務諸表上の帳簿価額との差額は，連結株主資本等変動計算書に，連結範囲の変動等その内容を示す適当な名称をもって計上します（資本連結実務指針46項）。

　この関係を示したものがパターンⅠ－4－12となります。

パターンⅠ－4－12　　支配が喪失する子会社株式の一部売却

[前提条件（連結会社は3月決算を前提）]
① 　親会社 P 社は，X2年3月31日に A 社の議決権比率の80％の株式（取得価額80,000）を取得しています。
② 　X2年3月31日の連結子会社 A 社の純資産は，資本金50,000，利益剰余金30,000とします。
③ 　支配獲得時（X2年3月31日時点）において，帳簿価額と時価に差額があった資産および負債はありません。
④ 　親会社 P 社は，X3年3月31日に連結子会社 A 社の議決権比率の70％の株式（帳簿価額70,000，売却価額77,000，売却益7,000）を売却しています。
⑤ 　のれんは定額法で5年で償却します。
⑥ 　各社の個別 B/S の勘定科目残高は所与とします。
⑦ 　その他の勘定科目や前提条件は考慮しません。

[取引関係図]
【X2年 3 月31日～X3年 3 月31日】

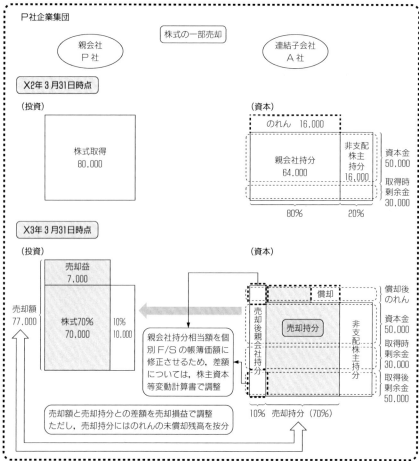

[各社個別 F/S]
【X3年 3 月期】

P社個別 B/S				A社個別 B/S			
その他資産	310,000	資 本 金	200,000	その他資産	105,000	資 本 金	50,000
子会社株式	10,000	利益剰余金	120,000	土 地	25,000	利益剰余金	80,000

［X3年3月期の連結仕訳］

＜投資と資本の相殺消去（売却）＞

（借）子 会 社 株 式	（※1）70,000	（貸）非支配株主持分	（※2）91,000
子会社株式売却益	（※3）7,000	の れ ん	（※4）11,200
子会社株式売却損	（※5）25,200		

（※1）　70,000……70%分株式売却帳簿価額（前提条件④参照）

（※2）　91,000＝(50,000（連結子会社A社資本金）＋80,000（連結子会社A社利益剰余金))×70%（売却持分比率）

（※3）　7,000……子会社株式売却益（前提条件④参照）

（※4）　11,200＝(16,000（当初のれん計上額（図表参照))－3,200（のれん償却額（16,000÷5年)))×70%（売却持分比率）÷80%（支配獲得時のP社持分比率）

（※5）　25,200……差額

　70%の売却については，売却持分（非支配株主持分の増加額）とのれん未償却残高に対する売却持分比率残高の合計金額に対して，子会社株式の売却帳簿価額と個別財務諸表上の売却損益を調整します。この差額については，連結財務諸表上も支配が喪失しているため，売却損益が計上されます。

＜投資と資本の相殺消去（連結除外）＞

（借）子 会 社 株 式	（※6）10,000	（貸）そ の 他 資 産	（※7）105,000
非支配株主持分	（※8）117,000	土 地	（※9）25,000
連結範囲の変動	（※10）4,600	の れ ん	（※11）1,600
（利益剰余金減少高）			

（※6）　10,000……10%分株式帳簿価額（保有株式残高）

（※7）　105,000……X3年3月31日連結子会社A社個別財務諸表計上額

（※8）　117,000＝(50,000（連結子会社A社資本金）＋80,000（連結子会社A社利益剰余金))×90%（売却後の非支配株主持分比率）

（※9）　25,000……X3年3月31日連結子会社A社個別財務諸表計上額

（※10）　4,600＝(50,000（連結子会社A社資本金）＋80,000（連結子会社A社利益剰余金))×10%（売却後の親会社持分比率）＋1,600（のれん残高（（※11）参照))－10,000（10%分株式帳簿価額（保有株式残高))

（※11）　1,600＝16,000（のれんの当初計上額）－11,200（売却仕訳による取崩し分）－3,200（のれん償却額（16,000÷5年))

　70%相当分のA社株式の売却により，連結財務諸表上は10%相当分の親会社持分が計上されていますが，親会社P社はすでに連結子会社A社の支配を喪失しているため，A社株式については，個別財務諸表において計上されている残高に戻すとともに，A社の資産および負債を連結上で除外する必要があります。上記の仕訳では，A社で計上されていた資産および負債と，連結財務諸表上計上されていたのれんや非支配株主持分を除外する仕訳が行われています。

　なお，のれんと連結子会社A社利益剰余金のうち，10%相当分はいまだ親会社持分

として残っていたものであり，当該部分については，売却により減少しているわけではないため，連結株主資本等変動計算書の「連結範囲の変動」として計上されることとなります。そして，子会社株式については，10％相当分の金額となりますが，開始仕訳（株式取得時の投資と資本の相殺消去仕訳）と売却仕訳の差額となっており，上記の仕訳により連結仕訳として計上されていた金額はすべてなくなり，親会社Ｐ社個別財務諸表上で計上されている残高が，連結財務諸表上でも同額計上されることとなります。

(iii) 子会社株式を売却し支配が喪失した場合（80％保有で80％の株式を売却した場合）

　子会社株式を全部売却したことにより支配が喪失した場合，基本的にはパターンⅠ－4－12と同じ考え方となりますが，子会社株式の全部を売却して個別財務諸表上の売却損益と調整する結果，売却後の投資の修正額を利益剰余金に加減する処理は必要ありません。

　この関係を示したものがパターンⅠ－4－13となります。

パターンⅠ-4-13 ／ 子会社株式の全部売却

[前提条件（連結会社は3月決算を前提）]
① 親会社Ｐ社は，X2年3月31日にＡ社の議決権比率の80％の株式（取得価額80,000）を取得しています。
② X2年3月31日の連結子会社Ａ社の純資産は，資本金50,000，利益剰余金30,000とします。
③ 支配獲得時（X2年3月31日時点）において，帳簿価額と時価に差額があった資産および負債はありません。
④ 親会社Ｐ社は，X3年3月31日に連結子会社Ａ社の議決権比率の80％の株式（帳簿価額80,000，売却価額88,000，売却益8,000）を売却しています。
⑤ のれんは定額法で5年で償却します。
⑥ 各社の個別Ｂ/Ｓの勘定科目残高は所与とします。
⑦ その他の勘定科目や前提条件は考慮しません。

[取引関係図]

【X2年３月31日～X3年３月31日】

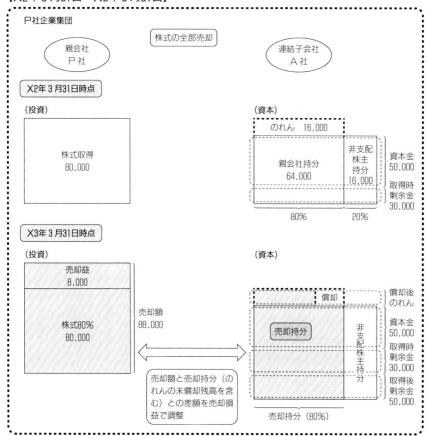

[各社個別 F/S]

【X3年３月期】

	P社個別 B/S				A社個別 B/S		
その他資産	520,000	資 本 金	200,000	その他資産	105,000	資 本 金	50,000
		利益剰余金	320,000	土　　地	25,000	利益剰余金	80,000

[X3年3月期の連結仕訳]

＜投資と資本の相殺消去（売却）＞

（借） 子 会 社 株 式	(※1)80,000	（貸） 非支配株主持分	(※2)104,000
子会社株式売却益	(※3)8,000	の　れ　ん	(※4)12,800
子会社株式売却損	(※5)28,800		

（※1）　80,000……80％分株式売却帳簿価額（前提条件④参照）

（※2）　104,000＝（50,000（連結子会社A社資本金）＋80,000（連結子会社A社利益剰余金））×80％（売却持分比率）

（※3）　8,000……子会社株式売却益（前提条件④参照）

（※4）　12,800＝16,000（当初のれん計上額（図表参照））－3,200（のれん償却額（16,000÷5年））

（※5）　28,800……差額

　80％の売却については，売却持分（非支配株主持分の増加額）とのれん未償却残高の合計金額に対して，子会社株式の売却帳簿価額と個別財務諸表上の売却損益を調整します。この差額については，連結財務諸表上も支配が喪失しているため，売却損益が計上されます。

＜投資と資本の相殺消去（連結除外）＞

（借） 非支配株主持分	(※6)130,000	（貸） そ の 他 資 産	(※7)105,000
		土　　　地	(※8)25,000

（※6）　130,000＝16,000（支配獲得時の非支配株主持分）＋10,000（取得後利益剰余金50,000×20％（当初非支配株主持分比率））＋104,000（80％売却仕訳分）

（※7）　105,000……X3年3月31日A社個別財務諸表計上額

（※8）　25,000……X3年3月31日A社個別財務諸表計上額

　P社はA社の支配を喪失しているため，A社の資産および負債と連結仕訳により計上された非支配株主持分を除外します。

③　資本連結に係るその他の論点

　株式の追加取得や売却に関する資本連結は以上となりますが，その他付随する論点について何点か解説します。

(i)　子会社の欠損の処理

　子会社の欠損のうち，当該子会社に係る非支配株主持分に割り当てられる額が当該非支配株主の負担すべき額を超える場合には，当該超過額は親会社の持分に負担させます。この場合，その後，当該子会社に利益が計上されたときは，

親会社が負担した欠損が回収されるまで，その利益の金額を親会社に加算します（連結会計基準27項）。

　これは，外部株主である非支配株主が，株主有限責任の原則から出資額までしか業績悪化の責任を取らない場合，連結財務諸表上の非支配株主持分も出資に応じた金額までしか調整しないことを意味しています。

　なお，親会社と外部株主たる非支配株主の間で特殊な株主間契約があり，出資を超えた負担が合意されている場合（例：債務保証により追加の負担が合意されている場合）には，その部分まで非支配株主持分を調整する（マイナスにする）場合もあることにご留意ください（資本連結実務指針69項）。

(ii)　のれんの減損処理

　資本連結の結果発生したのれんについては，「固定資産の減損に係る会計基準」および企業会計基準適用指針第6号「固定資産の減損に係る会計基準の適用指針」に則って減損処理を行う必要があります（資本連結実務指針33項）。このため，のれんについて減損の兆候があるかどうか等を判定するために，対象となった連結子会社の業績や経営判断等を適時に把握することが必要です。

(iii)　資本剰余金が負の値となる場合

　子会社株式の一部売却等の連結仕訳の結果として資本剰余金が負の値となる場合，連結会計年度末において，資本剰余金をゼロとし，当該負の値を利益剰余金から減額します（連結会計基準30-2項）。

　なお，連結財務諸表においては，資本剰余金の内訳を区分表示しないことから，当該取扱いは，資本剰余金全体が負の値となる場合に適用されます（資本連結実務指針39-2項）。

3 ┃ 設例による連結精算表の作り方

　資本連結の考え方と調整方法については，前記「2　資本連結の処理方法」で解説したとおりですが，ここでは，連結精算表上の実際の調整方法について，設例で解説します。

⑴　株式取得の資本連結（一括取得による支配獲得）

　この設例では，株式取得の資本連結を取り扱います。なお，前提条件はパターンⅠ－4－7（一括取得による支配獲得）と同様です。

設例Ⅰ－4－1　　株式取得の資本連結（一括取得による支配獲得）

［前提条件（連結会社は3月決算を前提）］
①　親会社 P 社は，X2年3月31日に A 社の議決権比率の80%の株式（取得価額100,000)を取得し連結子会社としています。このため，非支配株主持分比率は20%です。
②　支配獲得時（X2年3月31日時点）において，帳簿価額と時価に差額がある資産および負債は以下のものとします。
　　（土地）帳簿価額25,000，時価50,000，評価差額25,000
③　連結精算表上の各社の数字は所与とします。
④　その他の勘定科目や前提条件は考慮しません。

［X2年3月期の連結精算表］
　138～139頁に掲載しています。

［X2年3月期の連結精算表上の調整内容］
1．全般事項
　親会社 P 社による A 社株式取得による連結子会社化のため，資本連結における投資と資本の相殺消去の連結仕訳が必要となります。

2．個別事項
＜＊A＞……土地の時価評価
＜＊B＞……投資と資本の相殺消去

［X2年3月期の連結仕訳］
＜個別修正仕訳（評価差額）＞

（借）土　　　　地	＜＊A＞25,000	（貸）評　価　差　額	＜＊A＞25,000

＜投資と資本の相殺消去＞

（借）資 本 金	＜＊B＞50,000	（貸）子 会 社 株 式	＜＊B＞100,000
利 益 剰 余 金	＜＊B＞30,000	非支配株主持分	＜＊B＞21,000
評 価 差 額	＜＊B＞25,000		
の れ ん	＜＊B＞16,000		

⑵　支配獲得後の資本連結

　この設例では，支配獲得後の資本連結を取り扱います。なお，前提条件はパターンⅠ－4－4と同様です。

設例Ⅰ－4－2　　支配獲得後の資本連結

[前提条件（連結会社は3月決算を前提）]
①　親会社P社は，X2年3月31日に外部株主とともに，連結子会社A社を設立しています。
②　親会社P社の出資は40,000（親会社持分比率80%），外部株主である非支配株主の出資は10,000（非支配株主持分比率20%）です。
③　連結子会社A社は，受け入れた出資を資本金として処理しています（資本金50,000）。
④　連結精算表上の各社の数字は所与とします。
⑤　その他の勘定科目や前提条件は考慮しません。

[X3年3月期の連結精算表]
　140～141頁に掲載しています。

[X3年3月期の連結精算表上の調整内容]
1．全般事項
　支配獲得後の資本連結については，前連結会計年度までの連結仕訳を開始仕訳の項目で調整し，その他の連結仕訳は関係する各項目で調整を行います。

2．個別事項
＜＊A＞……開始仕訳（前連結会計年度の投資と資本の相殺消去仕訳）
＜＊B＞……連結子会社A社で計上された利益の按分
＜＊C＞……連結子会社A社で計上されたその他有価証券評価差額金の按分

［設例Ⅰ－4－1の連結精算表］

項目	精算表勘定科目	親会社 P社	子会社 A社	単純合算表	個別修正仕訳 評価差額 その他	個別修正仕訳 合計
連結B/S	現金預金	250,000	55,000	305,000		0
	流動資産合計	250,000	55,000	305,000	0	0
	土地		25,000	25,000	(※1) 25,000	25,000
	有形固定資産合計	0	25,000	25,000	25,000	25,000
	のれん			0		0
	無形固定資産合計	0	0	0	0	0
	子会社株式	100,000		100,000		0
	投資その他の資産合計	100,000	0	100,000	0	0
	固定資産合計	100,000	25,000	125,000	25,000	25,000
	資産合計	350,000	80,000	430,000	25,000	25,000
	資本金	200,000	50,000	250,000		
	利益剰余金	150,000	30,000	180,000	0	0
	株主資本合計	350,000	80,000	430,000	0	0
	非支配株主持分			0		0
	評価差額（個別修正用）			0	(※1) 25,000 <＊A>	25,000
	純資産合計	350,000	80,000	430,000	25,000	25,000
	負債純資産合計	350,000	80,000	430,000	25,000	25,000

(※1)　25,000……時価評価差額（前提条件⊘参照）
(※2)　16,000……投資と資本の相殺による差額
(※3)　100,000……親会社P社子会社株式（前提条件①参照）
(※4)　50,000……連結子会社A社計上額
(※5)　30,000……連結子会社A社計上額
(※6)　21,000＝(50,000（連結子会社A社資本金）＋30,000（連結子会社A社利益剰余金）＋25,000（評価差額))×20%（非支配株主持分比率）
(※7)　25,000……評価差額（前提条件⊘参照）

評価差額その他の項目を使用

個別修正仕訳後合算表	連結修正仕訳 資本連結関係 投資資本相殺	連結修正仕訳合計	連結精算表合計
305,000		0	305,000
305,000	0	0	305,000
50,000		0	50,000
50,000	0	0	50,000
0	(※2) 16,000	16,000	16,000
0	16,000	16,000	16,000
100,000	(※3) △100,000	△100,000	0
100,000	△100,000	△100,000	0
150,000	△84,000	△84,000	66,000
455,000	△84,000	△84,000	371,000
250,000	(※4) △50,000	△50,000	200,000
180,000	(※5) △30,000	△30,000	150,000
430,000	△80,000	△80,000	350,000
0	(※6) 21,000	21,000	21,000
25,000	(※7) △25,000	△25,000	0
455,000	△84,000	<※B> △84,000	371,000
455,000	△84,000	△84,000	371,000

投資資本相殺の
項目を使用

［設例 I － 4 － 2 の連結精算表］

項目	精算表勘定科目	親会社 P社	子会社 A社	単純合算表	個別修正仕訳後 合算表
連結B/S	現金預金	180,000	30,000	210,000	210,000
	流動資産合計	180,000	30,000	210,000	210,000
	土地		25,000	25,000	25,000
	有形固定資産合計	0	25,000	25,000	25,000
	投資有価証券		20,000	20,000	20,000
	子会社株式	40,000		40,000	40,000
	投資その他の資産合計	40,000	20,000	60,000	60,000
	固定資産合計	40,000	45,000	85,000	85,000
	資産合計	220,000	75,000	295,000	295,000
	資本金	100,000	50,000	150,000	150,000
	利益剰余金	120,000	20,000	140,000	140,000
	株主資本合計	220,000	70,000	290,000	290,000
	その他有価証券評価差額金		5,000	5,000	5,000
	その他の包括利益累計額合計	0	5,000	5,000	5,000
	非支配株主持分			0	0
	純資産合計	220,000	75,000	295,000	295,000
	負債純資産合計	220,000	75,000	295,000	295,000
連結P/L	売上高	200,000	100,000	300,000	300,000
	売上原価	150,000	80,000	230,000	230,000
	売上総利益	50,000	20,000	70,000	70,000
	当期純利益（P/L）	50,000	20,000	70,000	70,000
	非支配株主に帰属する当期純利益			0	0
	親会社株主に帰属する当期純利益	50,000	20,000	70,000	70,000

（※1）　40,000……親会社 P 社の A 社子会社株式
（※2）　50,000……連結子会社 A 社資本金
（※3）　10,000＝50,000（連結子会社 A 社資本金）×20％（非支配株主持分比率）
（※4）　4,000＝20,000（連結子会社 A 社当期純利益）×20％（非支配株主持分比率）
（※5）　1,000＝5,000（連結子会社 A 社有価証券評価差額金増加額）×20％（非支配株主持分比率）

| 連結修正仕訳 | | | 連結修正仕訳合計 | 連結精算表合計 |
| 資本連結関係 | | | | |
開始仕訳(資本連結)	のれん償却・利益按分・配当金相殺	評価・換算差額等		
			0	210,000
0	0	0	0	210,000
			0	25,000
0	0	0	0	25,000
			0	20,000
(※1) △40,000			△40,000	0
△40,000	0	0	△40,000	20,000
△40,000	0	0	△40,000	45,000
△40,000	0	0	△40,000	255,000
(※2) △50,000			△50,000	100,000
	(※4) △4,000		△4,000	136,000
△50,000	△4,000	0	△54,000	236,000
		(※5) △1,000	△1,000	4,000
0	0	△1,000	△1,000	4,000
(※3) 10,000	(※4) 4,000 <*A>	(※5) 1,000	<*C> 15,000	15,000
△40,000	0	0	△40,000	255,000
△40,000	0	0	△40,000	255,000
			0	300,000
			0	230,000
0	0	0	0	70,000
0	0	0	0	70,000
	(※4) 4,000 <*B>		4,000	4,000
0	△4,000	0	△4,000	66,000

開始仕訳の項目を使用（前期のため）

のれん償却・利益按分・配当金相殺の項目を使用

評価・換算差額等の項目を使用

[X3年3月期の連結仕訳]

<開始仕訳（投資と資本の相殺消去）>

（借）資　本　金	<＊A>50,000	（貸）子会社株式	<＊A>40,000
		非支配株主持分	<＊A>10,000

<当期純利益の按分>

（借）非支配株主に帰属する当期純利益	<＊B>4,000	（貸）非支配株主持分	<＊B>4,000

<評価・換算差額等の按分>

（借）その他有価証券評価差額金	<＊C>1,000	（貸）非支配株主持分	<＊C>1,000

⑶　支配を喪失する子会社株式の売却（全部売却）

　この設例では，子会社株式の全部売却により子会社の支配を喪失した資本連結を取り扱います。なお，この前提条件はパターンⅠ－4－13と同様です。

設例Ⅰ－4－3　　支配を喪失する子会社株式の売却（全部売却）

[前提条件（連結会社は3月決算を前提）]

① 親会社P社は，A社の議決権比率の80%の株式（取得価額80,000）をX2年3月31日に取得しています。

② X2年3月31日の連結子会社A社の純資産は，資本金50,000，利益剰余金30,000とします。

③ 支配獲得時（X2年3月31日時点）において，帳簿価額と時価に差額があった資産および負債はありません。

④ 親会社P社は，X3年3月31日に連結子会社A社の議決権比率の80%の株式（帳簿価額80,000，売却価額88,000，売却益8,000）を売却しています。

⑤ のれんは定額法で5年で償却します。

⑥ 連結精算表上の各社の数字は所与とします。

⑦ その他の勘定科目や前提条件は考慮しません。

[X3年3月期の連結精算表]

　144～145頁に掲載しています。

[X3年3月期の連結精算表上の調整内容]

1．全般事項

　株式売却による支配の喪失については，売却持分の修正仕訳と連結除外の2つの仕訳が必要となります。

2．個別事項

＜＊A＞……開始仕訳（前連結会計年度の投資と資本の相殺消去仕訳）

＜＊B＞……のれん償却仕訳

＜＊C＞……連結子会社A社で計上された利益の按分

＜＊D＞……売却持分の修正仕訳

＜＊E＞……連結範囲からの除外仕訳

[X3年3月期の連結仕訳]

＜開始仕訳（投資と資本の相殺消去）＞

（借）資　本　金	＜＊A＞50,000	（貸）子 会 社 株 式	＜＊A＞80,000
利益剰余金期首残高	＜＊A＞30,000	非支配株主持分	＜＊A＞16,000
の　れ　ん	＜＊A＞16,000		

＜のれんの償却＞

（借）のれん償却額	＜＊B＞3,200	（貸）の　れ　ん	＜＊B＞3,200

＜当期純利益の按分＞

（借）非支配株主に帰属する当期純利益	＜＊C＞10,000	（貸）非支配株主持分	＜＊C＞10,000

＜投資と資本の相殺消去（売却）＞

（借）子 会 社 株 式	＜＊D＞80,000	（貸）非支配株主持分	＜＊D＞104,000
子会社株式売却益	＜＊D＞8,000	の　れ　ん	＜＊D＞12,800
子会社株式売却損	＜＊D＞28,800		

＜投資と資本の相殺消去（連結除外）＞

（借）非支配株主持分	＜＊E＞130,000	（貸）そ の 他 資 産	＜＊E＞105,000
		土　　　地	＜＊E＞25,000

[設例 I − 4 − 3 の連結精算表]

項目	精算表勘定科目	親会社 P社	子会社 A社	単純合算表	個別修正仕訳後合算表
連結B/S	現金預金	520,000	105,000	625,000	625,000
	流動資産合計	520,000	105,000	625,000	625,000
	土地		25,000	25,000	25,000
	有形固定資産合計	0	25,000	25,000	25,000
	のれん			0	0
	無形固定資産合計	0	0	0	0
	子会社株式			0	0
	投資その他の資産合計	0	0	0	0
	固定資産合計	0	25,000	25,000	25,000
	資産合計	520,000	130,000	650,000	650,000
	資本金	200,000	50,000	250,000	250,000
	利益剰余金	320,000	80,000	400,000	400,000
	株主資本合計	520,000	130,000	650,000	650,000
	非支配株主持分			0	
	純資産合計	520,000	130,000	650,000	650,000
	負債純資産合計	520,000	130,000	650,000	650,000
連結P/L	売上総利益	212,000	50,000	262,000	262,000
	のれん償却額			0	
	販売費及び一般管理費合計	0	0	0	0
	営業利益	212,000	50,000	262,000	262,000
	子会社株式売却益	8,000		8,000	8,000
	特別利益合計	8,000	0	8,000	8,000
	子会社株式売却損			0	
	特別損失合計	0	0	0	0
	税金等調整前当期純利益	220,000	50,000	270,000	270,000
	当期純利益（P/L）	220,000	50,000	270,000	270,000
	非支配株主に帰属する当期純利益			0	
	親会社株主に帰属する当期純利益	220,000	50,000	270,000	270,000
連結S/E	利益剰余金期首残高	×××	×××	×××	×××

（※1）16,000……投資と資本の相殺消去によるのれんの発生（差額）
（※2）80,000……親会社 P 社の当初投資額（前提条件①参照）
（※3）50,000……前提条件②参照
（※4）30,000……前提条件②参照
（※5）16,000＝(50,000（支配獲得時連結子会社 A 社資本金）＋30,000（支配獲得時連結子会社 A 社利益剰余金))×20%（非支配株主持分比率）
（※6）12,800＝16,000（当初ののれん計上額）−3,200（のれん償却額（※12参照））
（※7）80,000……当初投資額
（※8）36,800……利益の調整による剰余金の調整（(※10)と(※11)の合計金額）
（※9）104,000＝(50,000（連結子会社 A 社資本金）＋80,000（連結子会社 A 社利益剰余金))×80%（売却持分比率）
（※10）8,000……親会社 P 社計上額
（※11）28,800……(※6)，(※7)，(※9)，(※10)の仕訳の差額
（※12）および（※15）3,200＝16,000（のれん当初計上額）÷5年（償却年数）
（※13）13,200……利益の調整による剰余金の調整（(※15)と(※16)の合計金額）
（※14）および（※16）10,000＝50,000（連結子会社 A 社利益）×20%（非支配株主持分）
（※17）105,000……X3年3月31日 A 社個別財務諸表計上額
（※18）25,000……X3年3月31日 A 社個別財務諸表計上額
（※19）130,000＝16,000（支配獲得時の非支配株主持分）＋10,000（取得後剰余金50,000×20%（非支配株主持分比率））＋104,000（80%売却仕訳分）

連結修正仕訳 資本連結関係 開始仕訳（資本連結）	投資資本相殺	のれん償却・利益按分・配当金相殺	その他	連結修正仕訳合計	連結精算表合計
			(*17)△105,000	△105,000	520,000
0	0	0	△105,000	△105,000	520,000
			(*18)△25,000	△25,000	0
0	0	0	△25,000	△25,000	0
(*1)16,000	(*6)△12,800	(*12)△3,200		0	0
16,000	△12,800	△3,200	0	0	0
(*2)△80,000	(*7)80,000			0	0
△80,000	80,000	0		0	0
△64,000	67,200	△3,200	△25,000	△25,000	0
△64,000	67,200	△3,200	△130,000	△130,000	520,000
(*3)△50,000				△50,000	200,000
(*4)△30,000	(*8)△36,800	(*13)△13,200		△80,000	320,000
△80,000	△36,800	△13,200	0	△130,000	520,000
(*5)16,000	(*9)104,000	(*14)10,000	(*19)△130,000	0	0
△64,000	67,200	△3,200	△130,000	<*E>△130,000	520,000
△64,000	67,200	△3,200	△130,000	△130,000	520,000
0	0	0	0	0	262,000
		(*15)3,200	<*B>	3,200	3,200
0	0	3,200	0	3,200	3,200
0	0	△3,200	0	△3,200	258,800
	(*10)△8,000			△8,000	0
0	△8,000	0	0	△8,000	0
	(*11)28,800			28,800	28,800
0	28,800	<*D>0	0	28,800	28,800
0	△36,800	△3,200	0	△40,000	230,000
0	△36,800	△3,200	0	△40,000	230,000
		(*16)10,000	<*C>	10,000	10,000
0	△36,800	△13,200	0	△50,000	220,000
(*4)△30,000				△30,000	×××
	<*A>				

開始仕訳の項目を使用（前期のため）	投資資本相殺の項目を使用	のれん償却・利益按分・配当金相殺の項目を使用	その他の項目を使用

4 実務上の留意事項等

⑴　重要性の乏しい評価差額の取扱い

　連結貸借対照表の作成にあたっては，支配獲得日において，子会社の資産および負債のすべてを支配獲得日の時価により評価することが求められていますが，評価差額に重要性が乏しい子会社の資産および負債は，個別貸借対照表上の金額によることが認められています（連結会計基準22項）。このため，実務上重要性が乏しいと考えられる基準を検討することが有用です。

⑵　時価評価した資産および負債の管理

　支配獲得日に時価評価した資産および負債に関しては，その後の売却等のタイミングで連結上の修正仕訳が必要となりますが，親会社が対象の連結子会社のすべての資産および負債を管理することは，実務上困難であることが想定されます。このため，親会社の連結決算担当者は，子会社の経理担当者と連携して，評価差額が計上されている資産および負債の管理表等を作成し，継続的に管理することが必要となります。

⑶　のれんの償却期間と重要性の取扱い

　資本連結により発生したのれんについては，無形固定資産に計上後，20年以内のその効果が及ぶ期間にわたり，定額法その他合理的な方法により規則的に償却されますが（企業結合会計基準32項），投資の効果が及ぶ期間を検討することは非常に困難なことです。このため，実務上は，株式取得の対価の算定の基礎となった投資の合理的な回収期間を参考にすることが可能であるとされています（企業結合適用指針382項なお書き）。

　これは，他社を買収する場合，将来の事業計画等を利用して適正な株式価値が算定されている場合，その投資計画等に基づく投資金額の回収期間を参考にのれんの償却期間を決定することが可能であることが示されています。

　なお，のれんの金額に重要性が乏しい場合，当該のれんが生じた事業年度の費用として処理することも可能です（企業結合会計基準32項ただし書き）。こ

のため，実務上重要性が乏しいと考えられるのれんの金額を検討することが有用です。

⑷　資本連結に関係する勘定科目の検証作業

　ここまで解説したとおり，資本連結は連結財務諸表を作成する際にはじめて必要となる仕訳であり，単純な投資と資本の相殺消去を行う場合から段階取得等の特殊な処理まで，さまざまな仕訳が含まれます。このため，連結子会社を複数有する親会社の資本連結の場合，投資と資本の相殺消去仕訳の計上漏れのような単純な作業漏れから，非支配株主持分への振替金額の計算誤り等，さまざまな間違いも起こり得ます。

　したがって，親会社の連結決算担当者は，資本連結に関係する勘定科目について，その勘定科目の理論値（最終的に連結財務諸表に計上されるべき想定残高）と実際の計上金額を比較分析（「勘定プルーフ」と呼ばれるケースもあります。）することで，資本連結の漏れや誤りを防ぐ作業を行っています。実務上は連結精算表をいったん作成し，連結精算表の金額を最終確定する前の段階において，資本連結に関係する勘定科目と理論値を概括的に検証するような作業を行っていることが多いと考えられます。

　なお，このような勘定科目と比較分析すべき理論値については，あくまで想定残高となりますが，資本金のように単純に親会社の個別財務諸表上で計上されている金額を設定すれば問題ないケースもあれば，非支配株主持分のようにそもそも理論値を算定することが難しいケースもあります。このため，非支配株主持分のような勘定科目については，例えば，連結子会社の個別財務諸表上の純資産の部の合計金額に非支配株主持分比率を乗じた金額を理論値として設定し，連結精算表上に計上されている残高と比較するような作業を行います。このときに留意する点としては，非支配株主持分のような勘定科目の場合，連結精算表上の計上金額と理論値（設定方法によります。）が必ずしも一致しないケースもあるということです。これは，非支配株主持分の理論値について先述の計算方法を採用したケースにおいて，仮に連結子会社から親会社に固定資産を売却した場合，未実現利益を非支配株主持分にも負担させる仕訳が計上されることから，当然両者は一致しないことになるためです。

　したがって，理論値としての想定残高の算定方針を決めた上で，実際の計上

金額と一致するものかどうか，また，差異があるならばその要因を分析し，その差異があるべき差異かどうかを検証することが正確な資本連結を行う上でも有用となります。

　図表 I － 4 － 5 では，資本連結に関係する勘定科目の検証作業の例を示していますので，ご参照ください。また，後記「5 ⑷　非支配株主持分残高のプルーフ」では，資本連結に関係する勘定科目において，検証作業が最も有用となるものの 1 つと考えられる非支配株主持分残高の勘定プルーフのサンプルを例示していますので，あわせてご参照ください。

図表 I － 4 － 5	資本連結に関係する勘定科目の検証作業の例示

項　目	連結精算表上の勘定科目	理論値の例示	差異分析等の考え方や留意点の例示
連結 B/S	のれん	親会社で管理しているのれんの管理資料	• 後記「5 ⑶　のれんの償却および残高に関する管理資料」にある残高との検証　等
	子会社株式	親会社の個別財務諸表上の非連結子会社株式残高	• 基本的には子会社株式の残高はゼロとなるケースが多い • 非連結子会社がある場合には，当該残高のみ連結上も計上される　等
	資本金	親会社個別財務諸表上の資本金	• 理論値との一致を検証　等
	資本剰余金	親会社個別財務諸表上の資本剰余金	• 連結子会社に対する追加取得（売却）により資本剰余金が発生　等
	評価差額（連結）	ゼロ	• 勘定科目残高がゼロとなっていることを検証 • 後記「5 ⑴　評価差額に関する管理資料」との検証　等
	非支配株主持分	子会社純資産×非支配株主持分比率	• 未実現利益の按分仕訳等があると一致しないため概括的に検証 • 子会社が債務超過の場合には，その負担関係を検証 • 後記「5 ⑵　投資と資本の相殺消去に関する管理資料」との検証　等

	のれん償却額	親会社で管理している のれんの管理資料	• 後記「5⑶　のれんの償却および残高に関する管理資料」にある残高との検証　等
連結P/L	その他収益および費用	－	• 評価差額が計上されていた土地の売却等による売却損益の調整の有無 • 取得関連費用の調整の有無 • 子会社株式の売却損益や段階取得による損益の調整の有無　等
	非支配株主に帰属する当期純利益	子会社当期純利益×非支配株主持分比率	• 未実現利益の按分仕訳等があると一致しないため概括的に検証 • 後記「5⑵　投資と資本の相殺消去に関する管理資料」との検証　等
連結S/E	各勘定科目期首残高	前期連結精算表上の各勘定科目の期末残高	• 金額の一致を検証　等
	配当金の支払額	親会社個別財務諸表の支払配当金	• 金額の一致を検証　等
	親会社株主に帰属する当期純利益	連結P/Lの計上金額	• 金額の一致を検証　等
	各勘定科目期末残高	連結B/Sの計上金額	• 金額の一致を検証　等

（注）　上記理論残高との検証のほか，前期（前年同期）との2期比較による増減分析を行うことも有用である。

5 ┃ 連結精算表を作成するための補助資料

⑴　評価差額に関する管理資料

　評価差額に関する調整が少ない場合，連結精算表に修正仕訳を直接入力することも考えられますが，評価差額に関する仕訳が複数発生する場合には，連結精算表に修正仕訳を入力する前に，図表Ⅰ－4－6のような資料で連結子会社から集められた情報を管理することが有用です。

図表Ⅰ－4－6　評価差額管理

対象 会社	発生日	管理 NO	対象資産 勘定科目	名称	帳簿価額	時価	評価差額
A社	201704	A001	土地	土地（○○地区）	500,000	400,000	△100,000
A社	201704	A002	土地	土地（××土地）	800,000	1,500,000	700,000
B社	201804	B001	投資有価証券	非上場株式(乙㈱)	400,000	100,000	△300,000

⑵　投資と資本の相殺消去に関する管理資料

　非支配株主が存在する連結子会社の資本連結を行う場合，親会社持分と非支配株主持分を時系列で管理する資料があれば，過年度からの資本連結情報を連結子会社の資本との関係で明確にすることが可能となります。この資料は，一般的には投資と持分推移表と呼ばれており，資本連結を管理する上で実務上有用なものと考えられています（図表Ⅰ－4－7参照）。

⑶　のれんの償却および残高に関する管理資料

　のれんが発生した取引が少ない場合，のれんの償却額を連結精算表に直接入力することも可能ですが，複数ののれんが発生した場合，図表Ⅰ－4－8のような管理資料を作成して償却スケジュールと残高を管理し，連結精算表に償却額を入力することが有用です。

表のサンプル（数字は参考例）

税効果対象	実効税率	繰延税金資産	繰延税金負債	計上評価差額	当期売却等の有無
あり	30%	30,000	0	△70,000	なし
あり	30%	0	210,000	490,000	なし
なし	30%	0	0	△300,000	なし

図表 I － 4 － 7	投資と持分推移表のサンプル（数字は参考例）

項　目	X2年3月31日 (80%取得)	X2年4月1日 ～X3年3月31日 (純資産増減等)	X3年3月31日 (追加取得前)	追加取得 (10%)	X3年3月31日 (追加取得後)
【資本関係】					
資本金	50,000		50,000		50,000
利益剰余金	30,000	20,000	50,000		50,000
評価差額	25,000		25,000		25,000
資本合計	105,000	20,000	125,000		125,000
【投資関係】					
親会社持分比率	80%	80%	80%	10%	90%
P 社持分	84,000	16,000	100,000	12,500	112,500
投資額	100,000		100,000	13,000	113,000
のれん（借方＋）	16,000	△3,200	12,800		12,800
資本剰余金（貸方＋）	0		0	△500	△500
【非支配株主持分関係】					
非支配株主持分比率	20%	20%	20%	△10%	10%
非支配株主持分	21,000	4,000	25,000	△12,500	12,500
【その他】					
取得関連費用	0		0		
段階取得に係る損益	0		0		

図表Ⅰ－4－8	のれんの償却スケジュール表のサンプル（数字は参考例）

会社名	A社		B社		C社		連結P/L のれん償却額 合計	連結B/S のれん残高 合計
償却開始時期	201704		201804		201904			
対象年数	5		5		5			
当初発生額	20,000		40,000		50,000			
項目(以下年数)	償却額	残高	償却額	残高	償却額	残高		
201803	4,000	16,000					4,000	16,000
201903	4,000	12,000	8,000	32,000			12,000	44,000
202003	4,000	8,000	8,000	24,000	10,000	40,000	22,000	72,000

⑷ 非支配株主持分残高のプルーフ

　前記「4⑷ 資本連結に関係する勘定科目の検証作業」で解説したとおり，資本連結に関係する勘定科目において，検証作業が最も有用となるものの1つと考えられる非支配株主持分残高の勘定プルーフのサンプルを図表Ⅰ－4－9で示していますので，ご参照ください。

　なお，連結精算表上の非支配株主持分を集計する際には，仕訳が連結子会社別に集計される必要がありますので，仕訳の摘要欄などでどこの連結子会社に係る仕訳なのかがわかるようにしておく必要があります。

図表Ⅰ－4－9	非支配株主持分残高の勘定プルーフのサンプル（数字は参考例）

連結 子会社	資本金	資本 剰余金	利益 剰余金	評価 差額	資本 合計	非支配 株主持 分比率	非支配 株主持分 理論値	非支配 株主持分 計上額	差額	結果および 差異理由
A社	100,000	100,000	200,000	50,000	450,000	20%	90,000	90,000	0	一致
B社	50,000	50,000	100,000	0	200,000	30%	60,000	50,000	10,000	差額は未実現利益の調整であり，該当部分の仕訳の計上金額と差額が一致することを確認

第5章

個別財務諸表の修正

　第2章から第4章までは，各社の個別財務諸表を合算した後の連結修正仕訳について解説しました。本章で解説する個別財務諸表の修正は，連結修正仕訳を行うまでの準備が主な内容となります。

1 個別財務諸表の修正の必要性

　連結精算表の構造でも明らかなように，連結財務諸表は各社の個別財務諸表を合算してから，連結修正仕訳により必要な消去と調整を行うことで作成されます。この個別財務諸表は，各社からの報告数字となりますが，当該報告数字は一般に公正妥当と認められる企業会計の基準に準拠し，基本的には親会社と同一の会計方針により作成されます。しかし，子会社の規模や経理体制によっては，いわゆる税務会計により決算が行われている場合や，簡便的な処理を行っている場合もあります。さらに，各社の個別財務諸表としては，適正な決算が行われている場合でも，連結決算を行う上では調整が必要となる項目もあります。このため，連結財務諸表を作成する上では，個別財務諸表の修正が必要となる場合があります（図表Ⅰ－5－1参照）。

2 個別財務諸表の修正の処理方法

⑴　主な個別財務諸表の修正項目

　連結財務諸表を作成する上で必要な個別財務諸表の修正項目については，会計基準で明確に定められているわけではありませんが，一般的には図表Ⅰ－

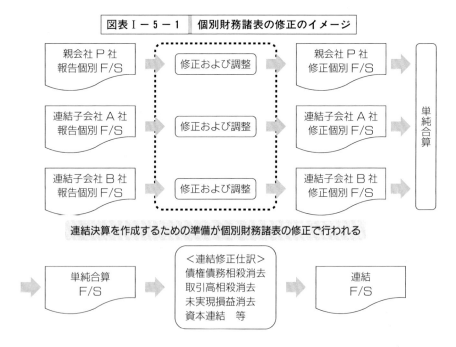

図表Ⅰ－5－1　個別財務諸表の修正のイメージ

連結決算を作成するための準備が個別財務諸表の修正で行われる

　5－2に掲げたものなどが考えられています。なお，以下の項目の分類は画一的なものではなく，各社でさまざまな分類があるのが実情です。

　ここでは，他の章で取り扱っていない調整項目について解説します。

図表Ⅰ－5－2　主な個別財務諸表の修正項目

調整項目	内　容	該当箇所
会計方針の統一	連結各社の会計方針の統一のための仕訳	第1章
損益調整	連結仕訳を行う上で必要な損益修正仕訳 （例：段階取得に係る損益の認識，子会社株式評価損の調整）	第4章・第5章
期ズレ・未達	決算期の相違や連結会社間の認識のズレを調整するための修正仕訳	第2章・第3章・第6章
組替仕訳	連結会社で勘定科目や段階損益を一致させるための修正仕訳	第5章
評価差額	支配獲得時の評価差額の修正仕訳	第4章
その他	子会社の決算修正仕訳　等	第5章

⑵　連結修正仕訳を行う上で必要な損益修正仕訳

　連結修正仕訳を行う上で必要な損益修正仕訳のうち実務上多い項目として，子会社株式評価損を計上した場合が考えられます。親会社の個別財務諸表上，子会社の業績悪化に伴い子会社株式評価損を計上した場合，評価損を計上した子会社自体を連結していることから，子会社株式評価損の取消しを行う必要があります。なお，この調整については，設例Ⅰ－5－1をご参照ください。

⑶　勘定科目の組替修正仕訳

　連結子会社がいわゆる税務会計による決算を行っている場合や，一部簡便的な処理を行っている場合，親会社が採用する勘定科目と異なるものを使用している可能性があります。また，特に税務会計による決算を行っている連結子会社については，損益計算書において段階損益を適正に算出するという認識が乏しい場合もあります。このような場合，親会社が連結決算を作成する過程において，計上されている勘定科目の組替修正が必要となります。なお，組替修正として考えられる項目としては図表Ⅰ－5－3に挙げたものがあります。

| 図表Ⅰ－5－3 | 一般的な組替修正項目 |

項　目	内　容
親会社の採用する勘定科目への調整	親会社が採用している勘定科目を連結子会社が採用していない場合（例：商品と製品，未払金と未払費用の調整等）
ワンイヤールールの調整	いわゆるワンイヤールールを採用していない場合（例：1年内返済予定の長期借入金の振替等）
段階損益の調整	親会社が採用する段階損益の算出方針を連結子会社が採用していない場合（例：通常の在庫の評価損を特別損失に計上しているため，売上原価に振り替える等）

⑷　その他の修正仕訳

　実務上行う個別財務諸表の修正仕訳として，子会社の決算修正が考えられます。これは，連結子会社から決算書が提出された後，親会社または連結子会社で決算処理の誤りに気づいた場合や，時間的制約の関係から税金および税効果

仕訳等の一部の仕訳が計上される前の仮決算書が提出された場合が想定されます。このような場合，適正に連結子会社の決算を修正するために，連結精算表上で必要な調整を行います。

3 設例による連結精算表の作り方

　個別財務諸表の修正については，前記「2　個別財務諸表の修正の処理方法」で解説したとおりですが，ここでは，連結精算表上での実際の調整方法について解説します。なお，設例では，親会社において子会社株式評価損を計上した場合を取り扱います。

設例Ⅰ－5－1　　子会社株式評価損の計上

[前提条件（連結会社は3月決算を前提）]
① 　親会社Ｐ社は，X2年3月31日に連結子会社Ａ社を設立しています（子会社株式50,000）。
② 　親会社Ｐ社は，X3年3月31日に子会社株式について減損処理を行っています（子会社株式評価損40,000）。
③ 　連結精算表上の各社の数字は所与とします。
④ 　その他の勘定科目や前提条件は考慮しません。

[X3年3月期の連結精算表]

項目	精算表勘定科目	親会社 Ｐ社	単純合算表	個別修正仕訳 損益修正仕訳	個別修正 仕訳合計	個別修正 仕訳後 合算表
連結B/S	子会社株式	10,000	10,000	(※1) 40,000	40,000	50,000
連結P/L	子会社株式評価損	40,000	40,000	(※1) △40,000 <*A>	△40,000	0

（※1）　40,000……評価損の戻し（前提条件②参照）

損益修正仕訳の
項目を使用

[X3年3月期の連結精算表上の調整内容]
1．全般事項
　親会社Ｐ社において連結子会社Ａ社の株式について評価損を計上しているため，評価損の取消しを行います。

2．個別事項
＜＊Ａ＞……評価損の取消仕訳

[X2年3月期の連結仕訳]
＜個別修正仕訳（損益修正仕訳）＞

（借）子 会 社 株 式 ＜＊Ａ＞40,000 （貸）子会社株式評価損 ＜＊Ａ＞40,000

4 実務上の留意事項等

　個別財務諸表の修正は，連結子会社の決算処理の内容を詳細に理解するとともに，事業年度ごとに発生した特殊な事象についても適時に把握することが必要となります。また，連結子会社としては適正な決算である場合でも，連結財務諸表の観点からは修正が必要な項目（例：連結子会社が保有する連結の範囲に含まれる孫会社株式の評価損等）もあるため，親会社の連結決算担当者は，連結子会社と適時にコミュニケーションをとることが必要です。

第6章

その他の論点

1 持分法に関する会計処理の概要

(1) 持分法の意義と目的

　持分法とは，投資会社（投資先の株式を保有する会社）が，被投資会社（出資を受け入れる会社）の資本および損益のうち，投資会社に帰属する部分（投資会社が保有する持分比率に見合う部分）の変動に応じて，その投資の額を連結決算日ごとに修正する方法をいいます（持分法会計基準4項）。

　後記「(2)①　関連会社の範囲と持分法の重要性」において記載するように，持分法は，原則として関連会社（基本的に，その議決権のうち20%以上50%以下を保有する会社）に対する投資について，連結財務諸表において適用される会計処理です。子会社に対しては，連結という手法を用いて，勘定科目ごとに合算して企業集団としての経営の状況を表す点は，前記「第1章1　連結財務諸表の目的と必要性」などにおいて解説したとおりです。一方，持分法は，支配が存在する子会社とは異なり，重要な影響力を有するのみの関連会社に対する投資の実態を示すために用いられる会計手法です。

　ここで，当期純利益が100生じたと仮定したときの連結子会社（親会社が80%の持分を保有）と，持分法が適用される関連会社（前出の親会社（投資会社）が40%の持分を保有）の会計処理の相違をごく簡単に図表Ⅰ－6－1にまとめています。

　すなわち，連結は「足して引く」という流れを追うのに対して，持分法は持分相当を計算して「足す」のみであるという特徴があります。

　また，連結仕訳と持分法仕訳の共通点や相違点を大まかに図表Ⅰ－6－2に

図表 I － 6 － 1	連結と持分法の損益の反映の流れ

連結子会社	関連会社
損益計算書を科目ごとに合算することで，連結損益計算書の「当期純利益」に100計上 ➡ 外部持分（20％）相当の20について「非支配株主に帰属する当期純利益」（費用サイドの項目）に計上 ➡ 親会社持分である「親会社株主に帰属する当期純利益」は80（＝子会社利益100×親会社持分比率80％）	損益計算書は科目ごとに合算されず，連結損益計算書の営業外収益に「持分法による投資利益」（収益サイドの項目）に40計上 ➡ 親会社持分である「親会社株主に帰属する当期純利益」は40（＝関連会社利益100×親会社（投資会社）持分比率40％）

図表 I － 6 － 2	連結と持分法の比較

項　目	連　結	持分法
損益の計上	○ （総額から外部分を引く）	○ （持分相当を足す）
投資と資本の相殺消去	○	×
投資先資産・負債の時価評価	○ （全面時価評価法）	○ （部分時価評価法）
配当金の消去	○	○
のれんの償却	○	○
外部株主持分への振替	○	×
取引高・債権債務の相殺消去	○	×
未実現損益の消去	○ （すべて消す）	○ （持分相当だけ消す）

　まとめていますので，持分法仕訳としてどのような仕訳を計上する必要があるのか，というイメージを掴んでいただければと思います。

　取引高および債権債務の相殺消去は，関連会社については科目ごとに財務諸表項目が合算されないため，その消去も行われません。また，外部持分の振替についても，連結では，いったん総額を足して，外部持分（非支配株主持分）を引くという流れをとりますが，持分法ではそもそもの合算がなく，結果的に外部持分の振替という処理も行われません。

⑵　持分法の適用範囲（影響力基準）と決算日・会計方針

①　関連会社の範囲と持分法の重要性

　連結財務諸表において，投資会社（連結財務諸表を作成する会社）はすべての関連会社を原則として持分法の適用範囲に含める必要があります（持分法会計基準 6 項本文）。すなわち，持分法の適用範囲を決定するまでのステップは図表Ⅰ－ 6 － 3 のとおりとなります。

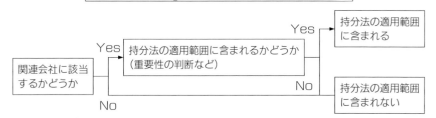

図表Ⅰ－ 6 － 3　持分法の適用範囲の決定ステップ

　また，連結の範囲に含められなかった子会社，すなわち非連結子会社についても，原則として，持分法の適用範囲に含めることとされています（持分法会計基準 6 項本文）。

　ここで「原則として」とは，関連会社および非連結子会社ともに，連結財務諸表に重要な影響を与えない場合には，持分法を適用しないことができることを指しています（持分法会計基準 6 項ただし書き）。なお，連結範囲の決定プロセスについては，前記「第 1 章 4 (1)　子会社の範囲と連結の重要性」をご参照ください。

　以下では，関連会社に限定して，持分法適用範囲の決定プロセスを確認していきます。

(i)　関連会社に該当するかどうか

　投資先等の他の会社が関連会社に該当するかどうか，という判定が持分法の適用範囲を決定するための最初のステップとなります。

　関連会社に該当するかどうかは，投資会社と関連会社という関係が成り立つか，すなわち「ある会社（投資会社）が他の会社（関連会社）に対して，出資，人事，資金，技術，取引等の関係を通じて，当該他の会社の財務および営業ま

たは事業の方針の決定に対して「重要な影響」を与えることができるかどうか」
という点が重要となってきます。現在の会計基準では，この重要な影響力の有
無を判定するために，形式的な持株基準（ある会社が他の会社の議決権の20%
以上50%以下を直接的，間接的に所有しているかどうか）ではなく，実質影響
力基準（形式的な議決権の一定以上の所有に留まらず，実質的に重要な影響力
が存在するかどうか）によって判断する定めとなっています（持分法会計基準
5-2項）。

　具体的には，直接的，間接的に他の会社の議決権の20%以上50%以下を所有
しているケースをベースとして（持分法会計基準5-2項(1)），議決権の20%未
満しか所有していないケースであっても，会社と関係の深い者が当該他社の株
式を保有しているケースや，他社の代表取締役や取締役に就任しているケース
など，関連会社と判定される一定の要件が会計基準において定められています
（持分法会計基準5-2項(2)，(3)）。

　なお，議決権の20%以上50%以下を所有しているケースであっても，以下の
場合には「関連会社に該当しない」こととされています（持分法会計基準5-2
項柱書きただし書き，連結範囲適用指針24項，27項）。

```
• 重要な影響を与えることができないことが明らかな場合
• 民事再生会社等であって，かつ，重要な影響を与えることができないと認めら
  れる場合
```

(ii) 関連会社が持分法の適用範囲に含まれるかどうか

　関連会社はそのすべてが持分法の適用範囲に含まれることが原則です（持分
法会計基準6項本文）。

　そして，関連会社のうち，重要性のない関連会社については，持分法の適用
範囲に含めないことが*できる*とされています（持分法会計基準6項ただし書
き）。会計基準においては，関連会社のうち，持分法の適用により，連結財務諸
表に重要な影響を与えない場合には，持分法の適用範囲から除外することがで
きる，と定められています。

　定量的な具体的な指標は，連結範囲の判定のケースと同じく，連結範囲取扱
いにおいて，当期純損益，利益剰余金をベースとしたものが示されていますが，

その他にも，定性的な要因も考慮して重要性を判断する必要があります。

　なお，実務的に適用されるケースは必ずしも多くありませんが，以下のケースでは関連会社を持分法の適用範囲に含めないこととされています（連結範囲適用指針25項，26項）。

- 影響が一時的であると認められる企業
- 上記以外の企業であって，持分法を適用することにより利害関係者の判断を著しく誤らせるおそれのある企業

② 決 算 日

　連結子会社の場合には，親会社の決算日（連結決算日）と子会社の決算日が異なる場合には，子会社は連結決算日に仮決算を行うことが原則とされています。

　他方，持分法の場合には，このような決算日の統一に係る定めはなく，持分法の適用にあたっては，持分法適用会社の直近の財務諸表を利用することとされています（持分法会計基準10項）。その際，連結子会社のような「3か月」といった縛りもないため，例えば，投資会社が3月決算，持分法適用会社が9月決算であるとしても，当該9月決算の持分法適用会社の決算を基本的には翌年3月の連結決算にそのまま用いることができます。ただし，投資会社と持分法適用会社の決算日に差異がある場合に，当該差異の期間にいわゆる「修正後発事象」となるような事象が生じた場合には，当該会計事象を持分法適用会社の決算に反映することとされています。また，当該差異の期間にいわゆる「開示後発事象」となるような事象が生じた場合には，重要性に応じて，連結財務諸表に一定の注記を行うことになります（持分法実務指針4項）。

　なお，直近の財務諸表を用いる，という定めになっていますが，財務報告の有用性をより高める観点からは，連結決算日においていわゆる仮決算を行うことも妨げられないものと考えられます。

③ 持分法適用会社の会計方針の統一

　前記「第1章4(3)　親会社および子会社の会計方針」において，親会社と子会社の会計方針は原則として統一しなければならない，という定めについて説

明しました。持分法適用会社においても，連結会社との間で会計方針を原則と
して統一しなければならないという点は変わりがありません（持分法会計基準
10項）。また，必ずしも統一が必要とされない会計方針や在外会社の取扱いは，
連結のケースと同じであるため，前記「第1章4(3)　親会社および子会社の会
計方針」をご参照ください（実務対応報告第24号）。

　関連会社の場合，子会社と比べると日頃のコミュニケーションの頻度が少な
く，情報収集がスムーズにいかないケースもあるかと思われますが，会計方針
の統一の必要性は子会社のケースと同様であるため，一定の情報が入手できる
ような体制づくりが重要となってきます。なお，関連会社の場合には，子会社
と異なり，当該関連会社が上場会社であったり，他に支配株主が存在したりす
るなどして，修正のために必要となる詳細な情報の入手が極めて困難なケース
があり得ます。このような場合には，実務対応報告第24号において，統一が必
ずしも必要ではないケースに該当するものと定められています。

⑶　基本的な会計処理の概要（設立（投資と資本）・持分法損益・配当）

　本項では，持分法会計の基本的な会計処理について，株式の取得（設立出資
を含みます。），毎期の損益の取込み，配当金の会計処理に分けて説明していき
ます。なお，持分法の適用対象となるのは，前記「(2)①　関連会社の範囲と持
分法の重要性」のとおり，関連会社および非連結子会社となりますが，以下で
は，関連会社であることを前提として解説しています。

①　設立関係（または株式の取得）

　子会社の財務数値を連結財務諸表に含める場合，前記「第4章　資本連結」
に記載したとおり，親会社の投資と子会社の資本を相殺する「投資と資本の相
殺消去」というステップが最初にきます。一方で，本項の持分法会計では，前
記図表Ⅰ－6－1でも示したとおり，連結のように「足して引く」のではなく，
単に「足す」だけで関連会社の財政状態を「投資有価証券」（関連会社株式）と
いう単一の科目をもって連結貸借対照表に表現することになります。

　まずは，シンプルな設立出資のパターンで，持分法のメカニズムを解説して
いきます。

(i) 持分法適用関連会社の設立

　自社が他の会社と共同してある会社を設立し，当該他の会社に対する持分が20%以上50%以下の場合には，連結財務諸表上，当該他の会社の投資について持分法を適用することになります。パターンⅠ－6－1は関連会社の設立に係る会計処理を示しています。

パターンⅠ－6－1 ／ 設立出資に係る持分法仕訳

［前提条件（各会社は3月決算を前提）］
① 投資会社P社は外部株主とともに，X2年3月31日に持分法適用関連会社A社を設立しています。
② 投資会社P社の出資は20,000（投資会社持分比率40%），外部株主の出資は30,000（外部株主持分比率60%）です。
③ 持分法適用関連会社A社は，受け入れた出資を資本金として処理しています（資本金50,000）。
④ 各社の個別B/Sの勘定科目残高は所与とします。
⑤ その他の勘定科目や前提条件は考慮しません。

［取引関係図］
【X2年3月31日】

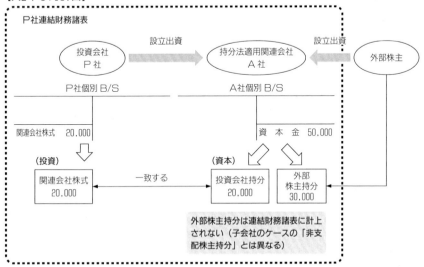

[各社個別F/Sおよび連結F/S]
【X2年3月期】

P社個別B/S			
その他資産	150,000	資 本 金	100,000
関連会社株式	20,000	利益剰余金	70,000

A社個別B/S			
その他資産	25,000	資 本 金	50,000
土 地	25,000		

P社連結B/S			
その他資産	150,000	資 本 金	100,000
関連会社株式	20,000	利益剰余金	70,000

[X2年3月期の連結仕訳]

> 仕訳なし

　パターンⅠ－6－1を見ていただいてわかるとおり，投資会社P社の個別財務諸表と連結財務諸表は同じ結果となっています。設立によって，P社はA社資本（50,000）のうち，持分比率に見合う20,000を資金拠出し，株式として計上していますが，当該残高がA社の財政状態のうち持分相当（50,000×40％＝20,000）を連結財務諸表に表現することにつながっています。このため，設立出資を行ったのみでは，連結仕訳（持分法仕訳）は特に計上されません。

　図表Ⅰ－6－4では，パターンⅠ－6－1と同じく，資産50,000（＝資本50,000）という投資先会社を前提に，80％持分（連結子会社）と40％持分（持分法適用関連会社）の連結財務諸表上の数字の違いを図解で示しています。

図表Ⅰ－6－4	設立出資時の連結（80％）と持分法（40％）の比較

【連結のケース】			【持分法のケース】		
資 産 (＝資本)	50,000	非支配株主持分 10,000	関連会社株式	20,000	←投資会社持分 (※2)20,000
		親会社持分 (※1)40,000			

（※1）　子会社資本50,000×親会社持分80％　　　（※2）　関連会社資本50,000×投資会社持分40％

(ii) 株式の取得

　株式取得によりある会社の持分の20％以上50％以下を保有することとなった

場合，設立出資のケースと同じく，当該会社は関連会社として持分法の適用範囲に含まれてきます。連結の際にも，設立出資と異なり，株式の取得においては複数の論点が生じましたが，持分法のケースでも同様に，株式取得の場合には設立の場合にはなかった論点が生じてくることとなります（図表Ⅰ－6－5参照）。

図表Ⅰ－6－5	株式取得により生じる持分法適用上の論点（連結との比較）	
項　目	持分法	（参考）連結(※1)
資産・負債の時価評価	部分時価評価法により時価評価	全面時価評価法により時価評価
資本の按分	－(※2)	親会社持分と非支配株主持分に按分
のれんの計上	のれんは識別されるが投資に包含される	無形固定資産にのれんを計上
のれんの償却	持分法による投資損益に含めて計上される	販売費及び一般管理費に計上される
株式の取得に要した費用の取扱い	取得原価（投資）に含められる	費用処理される

（※1）　連結子会社の株式を取得して子会社化した場合の論点は，前記「第4章2(1)④　株式取得の資本連結（一般的な株式取得の場合）」に箇条書きで列挙されている。
（※2）　連結子会社のケースと異なり，持分法適用関連会社の資本の按分は行われない。

　ここでは，図表Ⅰ－6－5の項目の順に，設立のケースから追加される主な論点を取り上げてから，具体的なパターンを解説します。なお，ここで取り上げる会計処理は，1回の株式取得で対象会社に対する重要な影響力を獲得した場合を想定しています。

(a)　関連会社の資産および負債の時価評価

　連結子会社に対する支配を獲得した際に，のれんの算定に先立って，資産および負債の時価評価を実施する処理と同様，関連会社についても，のれんのあるべき金額を算定するために，資産および負債の時価評価を行う必要があります（持分法会計基準8項，持分法実務指針6項）。

　関連会社に対する時価評価の方法は，部分時価評価法と呼ばれる時価と簿価との差額のうち持分相当額だけを評価差額として認識するものとなります。

　例えば，株式の取得（重要な影響力の獲得）時点で持分法適用関連会社が土

地を有しており，多額の含み益がある場合，関連会社の個別財務諸表上では当該含み益が反映されていないため，土地を時価評価して，その評価差額を関連会社の資本として取り扱うこととなります。この関係を示したものがパターンⅠ－6－2となります。

パターンⅠ－6－2 ╱ 資産および負債の時価評価

[前提条件（各会社は3月決算を前提）]
① 投資会社P社は，X2年3月31日にA社の議決権比率の40％の株式を取得し持分法適用関連会社としています。
② 株式取得日において，帳簿価額と時価に差額があった資産および負債は以下のものとします。
　　（土地）帳簿価額25,000，時価50,000，評価差額25,000
③ その他の勘定科目や前提条件は考慮しません。

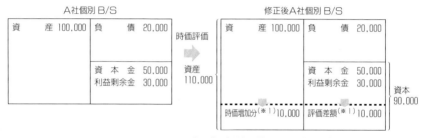

（※1）（土地の時価50,000－帳簿価額25,000）×持分比率40％

[X2年3月期の連結仕訳]

仕訳なし

　この時価評価についても，関連会社の貸借対照表それ自体を連結財務諸表に取り込んでいるわけではないので，連結修正仕訳（持分法仕訳）は特に計上されません。少し違和感があるかもしれませんが，株式取得時の考え方の全体像は後記のパターンⅠ－6－3にてご確認ください。

　　(b)　のれんの算定
　設立出資の場合には，投資の額と資本のうち持分の額が一致するため，のれん（または負ののれん）は生じません。一方，株式取得の場合には，ほとんど

のケースで投資の額と資本のうち持分の額との間に差額が生じます。

　これは，連結子会社のケースと同じく，買収価額が純資産額ではなくさまざまな算定手法を用いて決定された金額となるためです。そして，当該差額はのれんまたは負ののれんとして認識されますが(持分法会計基準12項)，連結子会社のケースのように，のれんは無形固定資産，負ののれんは特別利益とはならない点に留意が必要です（図表Ⅰ－6－6，図表Ⅰ－6－7参照）。

図表Ⅰ－6－6	のれんおよび負ののれんの会計処理（連結との比較）	
項　目	持分法	（参考）連結
のれん	投資に含めて認識	無形固定資産に「のれん」として計上
負ののれん	「持分法による投資損益」に含めて営業外損益に計上	特別利益に計上

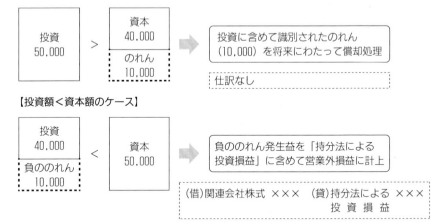

図表Ⅰ－6－7　のれんと負ののれんの認識

→その結果，投資の額と資本の額（持分相当）が一致する

(C)　のれんの償却

　投資額に含まれるのれんについては，連結子会社のケースと同様，20年以内のその効果が及ぶ期間にわたり，定額法その他合理的な方法により規則的に償

却されます（持分法会計基準12項，企業結合会計基準32項，持分法実務指針9項，資本連結実務指針30項）。なお，持分法適用関連会社に係るのれんの償却額は，持分法による投資損益に含まれて，営業外費用（または営業外収益）に計上されます。

ⓓ　株式取得による持分法の具体的な処理

株式取得による持分法の必要な論点は以上となりますが，連結仕訳はパターンⅠ－6－3となります。なお，株式取得までの段階では，負ののれんが生じない限り，または重要性のないのれんを一時に償却しない限り，会計処理は必要ないことから，「仕訳なし」としています。

パターンⅠ－6－3／株式取得の持分法（一括取得による影響力獲得）

[前提条件（各会社は3月決算を前提）]
① 投資会社P社は，X2年3月31日にA社の議決権比率の40％の株式（取得価額50,000）を取得し持分法適用関連会社としています。
　　なお，外部株主持分比率は60％です。
② 株式取得日時点（X2年3月31日時点）において，帳簿価額と時価に差額があった資産および負債は以下のものとします。
　　（土地）帳簿価額25,000，時価50,000，評価差額25,000
③ のれんは定額法により5年で償却します。
④ 各社の個別B/Sの勘定科目残高は所与とします。
⑤ その他の勘定科目や前提条件は考慮しません。

[取引関係図]
【X2年3月31日】

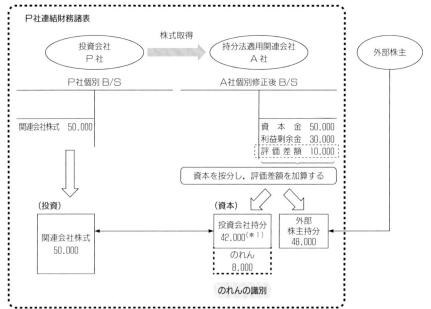

（※1）　42,000＝（50,000（資本金）＋30,000（利益剰余金））×40%（投資会社持分比率（前提条件②参照））＋10,000（評価差額）

[各社個別F/Sおよび連結F/S]
【X2年3月期】

P社個別B/S

| その他資産 | 300,000 | 資 本 金 | 200,000 |
| 関連会社株式 | 50,000 | 利益剰余金 | 150,000 |

A社個別B/S（修正前）

| その他資産 | 55,000 | 資 本 金 | 50,000 |
| 土 地 | 25,000 | 利益剰余金 | 30,000 |

P社連結B/S

| その他資産 | 300,000 | 資 本 金 | 200,000 |
| 関連会社株式 | 50,000 | 利益剰余金 | 150,000 |

[X2年3月期の連結仕訳]

仕訳なし

⒠　付随費用の取扱い

　株式取得により他社を関連会社とする場合，個別財務諸表上は関連会社株式が計上されますが，この株式取得に係る付随費用については，関連会社株式の取得原価に含めて計上されます（金融商品実務指針56項）。そして，連結財務諸表においても，当該付随費用は投資原価に含められ，資本と比較してのれん（または負ののれん）の額が算定されます（持分法実務指針2‐2項(3)，36‐4項）。

②　持分法による投資損益（当期純損益の取込み）

　持分法の適用に際しては，持分法適用関連会社において計上された当期純利益のうち，投資会社の持分に見合う額を投資の額に増減し，連結財務諸表における当期純利益の計算に持分法適用関連会社の損益を含めることになります（持分法会計基準12項）。この関係を示したものがパターンⅠ－6－4になります。

　なお，設立出資を前提とすると，持分法適用関連会社で生じた当期純利益のうち投資会社の持分に見合う額（当期純利益×投資会社の持分比率で算定）を投資の額に加減することで，基本的には関連会社の資本×投資会社持分比率＝投資の額という等式が成立します。

パターンⅠ－6－4　　当期純利益の取込み

[前提条件（各会社は3月決算を前提）]
① 　投資会社Ｐ社は外部株主とともに，X2年3月31日に持分法適用関連会社Ａ社を設立しています。
② 　投資会社Ｐ社の持分比率は40％，外部株主の持分比率は60％です。
③ 　X3年3月31日の各社の個別P/Lの勘定科目残高は所与とします。
④ 　その他の勘定科目や前提条件は考慮しません。

[各社個別F/Sおよび連結F/S]
【X3年3月期】

P社個別P/L

費　　用	150,000	収　　益	200,000
当期純利益	50,000		

A社個別P/L

費　　用	80,000	収　　益	100,000
当期純利益	20,000		

P社連結 P/L

費用 (※1)	150,000	その他の収益 (※3)	200,000
親会社株主に帰属する当期純利益 (※2)	58,000	持分法による投資損益 (※4)	8,000

（※1）　150,000……投資会社 P 社費用
（※2）　58,000＝50,000（投資会社 P 社当期純利益）＋8,000（（※4）参照）
（※3）　200,000……投資会社 P 社収益
（※4）　8,000＝20,000（関連会社 A 社当期純利益）×40%（投資会社 P 社持分比率）

[X3年3月期の連結仕訳]

＜当期純利益の取込み（持分法による投資損益の計上）＞

（借）関連会社株式	(※4)8,000	（貸）持分法による投資損益	(※4)8,000

（※4）　8,000＝20,000（関連会社 A 社当期純利益）×40%（投資会社 P 社持分比率（前提条件②参照））

　この連結仕訳により，関連会社 A 社で計上された当期純利益のうち投資会社に帰属する部分が連結財務諸表に取り込まれます。

[X4年3月期の連結仕訳]

＜開始仕訳（持分法による投資損益）＞

（借）関連会社株式	(※4)8,000	（貸）利益剰余金期首残高	(※4)8,000

（注）　持分法仕訳は繰越し（該当部分のみ）

③　配当金の相殺消去

　連結子会社の場合，連結子会社からの配当金は連結財務諸表の作成の際に相殺消去されます。すなわち，連結子会社の支払配当金（株主資本等変動計算書科目）と親会社の受取配当金（営業外収益）が相殺されることとなります。

　他方，持分法適用関連会社の場合，売上取引のような通常の取引については投資会社の間で相殺されません。ただし，配当金については，投資会社でその受領時に収益計上しているものの，当該配当金の源泉は持分法適用関連会社の過年度の利益であり，その利益は関連会社が利益計上した際に持分相当額がすでに連結財務諸表上も計上されているため，配当金を相殺消去しないと利益の二重計上となってしまいます。したがって，投資会社の受取配当金（営業外収益）は相殺消去することになりますが，その相手勘定としては投資の額を減額

することとされています(持分法会計基準14項)。連結子会社と異なり，株主資本等変動計算書は合算されておらず，持分法適用会社が配当した際に減少した利益剰余金のうち持分相当額の減額を反映させるために，投資の額を減額させることになります。

　この配当金の相殺消去に係る連結仕訳を示したものが，パターンⅠ－6－5となります。

パターンⅠ－6－5　配当金の相殺消去

[前提条件（各会社は3月決算を前提）]
①　投資会社P社は外部株主とともに，X2年3月31日に持分法適用関連会社A社を設立しています。
②　投資会社持分比率は40%，外部株主持分比率は60%です。
③　持分法適用関連会社A社は，X3年6月30日に配当金を500支払っています(投資会社へ200，外部株主へ300)。
④　その他の勘定科目や前提条件は考慮しません。

[取引関係図]
【X4年3月31日】

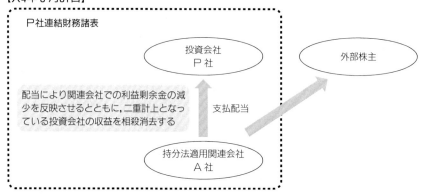

[X4年3月期の連結仕訳]
＜配当金の相殺消去＞

（借）受 取 配 当 金 （*)200　（貸）関 連 会 社 株 式 （*)200

（*)　200＝500（持分法適用関連会社A社支払配当金)×40%（投資会社P社持分比率（前提条件②参照))

［X5年 3 月期の連結仕訳］
＜開始仕訳（持分法仕訳）＞

（借）　利益剰余金期首残高　　　（※）200　（貸）　関連会社株式　　　　（※）200

（注）　持分法仕訳は繰越し（該当部分のみ）

⑷　段階取得と一括売却

　持分法を適用する上で実務上起こり得る基本的なパターンは，前記「⑶　基本的な会計処理の概要（設立（投資と資本）・持分法損益・配当）」で解説したとおりですが，持分法の適用に際しては，複数回にわたって株式を取得して関連会社とする場合や，保有する関連会社株式を売却するケース等も起こり得ます。ここでは，関連会社株式の段階取得や売却について，特に実務でも取り上げられることが多いと想定される項目について，そのパターンごとの連結仕訳を解説していきます。

①　段階取得

　関連会社となるまでに複数回にわたって株式を取得するようなケースがあり得ます。例えば，最初に10％の株式を取得してその他有価証券とし，その後30％の株式を追加的に取得して（合計40％），同社を関連会社とし，持分法を適用するような取引の流れが挙げられます。

　このような場合，原則的には，株式の取得日ごとに被投資会社の資産および負債の時価評価（取得した持分相当）を行った上で，各々の日において投資の額と資本の額（時価評価反映後）を比較して，のれんの額を算定することになります（以下，この方法を「原則法」といいます。持分法実務指針 6 - 2 項， 6 - 4 項第 1 段落）。これに対して，上記の原則法によった場合と計算結果が大きく相違しない場合には，関連会社となった日において一括して時価評価を行い，のれんの額も一括して算定する方法が認められます（以下，この方法を「簡便法」といいます。持分法実務指針 6 - 3 項， 6 - 4 項第 2 段落）。

　この原則法と簡便法の違いによるのれんの額への影響を，時価評価が省略された簡略化した設例（パターン I - 6 - 6 ）で確認していきます。

パターン I － 6 － 6 　部分時価評価法の原則法と簡便法

[前提条件（各会社は 3 月決算を前提）]

① 投資会社 P 社は，X1年 3 月31日に A 社の議決権比率の10％の株式（取得価額 8,000）を取得しています。

② 投資会社 P 社は，X2年 3 月31日に A 社の議決権比率の30％の株式（取得価額 30,000）を取得し持分法適用関連会社としています。

　なお，X2年 3 月31日時点で外部株主比率は60％です。

　X1年 3 月31日と X2年 3 月31日の株式取得に係る株式数と取得単価は，以下のとおりです。

	X1年 3 月31日取得分	X2年 3 月31日取得分
取得単価	80	100
取得株式数	100	300
取得価額	8,000	30,000
A 社資本の額	70,000	90,000

③ 株式取得日（X1年 3 月31日および X2年 3 月31日時点）において，帳簿価額と時価に差額があった資産および負債はありません。

④ 各社の個別 B/S の勘定科目残高は所与とします。

⑤ X2年 3 月期において A 社は配当を行っていません。

⑥ その他の勘定科目や前提条件は考慮しません。

[取引関係図]

【X2年3月31日】

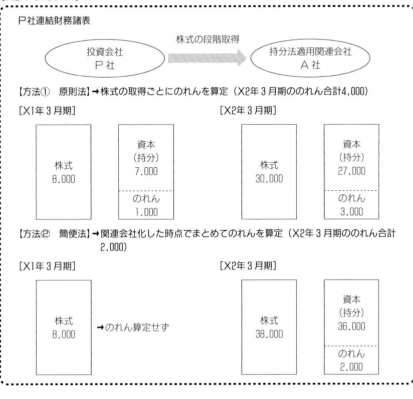

[各社個別 F/S]

【X1年3月期】

P社個別 B/S				A社個別 B/S			
その他資産	280,000	資　本　金	200,000	その他資産	45,000	資　本　金	50,000
関連会社株式	8,000	利益剰余金	88,000	土　　　地	25,000	利益剰余金	20,000

【X2年3月期】

P社個別 B/S				A社個別 B/S			
その他資産	290,000	資　本　金	200,000	その他資産	65,000	資　本　金	50,000
関連会社株式	38,000	利益剰余金	128,000	土　　　地	25,000	利益剰余金	40,000

原則法による会計処理

[X1年 3 月期の連結仕訳]

> 仕訳なし（のれんの額は算定されるが，仕訳は計上されない）

[X2年 3 月期の連結仕訳]
＜取得後利益剰余金（10%部分）の取込み＞

（借）　関 連 会 社 株 式	（※1)2,000	（貸）　利益剰余金増加高	（※1)2,000

（※1）　2,000＝取得後利益剰余金20,000（※2）×10%（投資会社 P 社当初持分比率）
（※2）　20,000＝40,000（X2年 3 月期利益剰余金）－20,000（X1年 3 月期利益剰余金）

　部分時価評価法の原則法によった場合，持分法を適用する前の時点でも，投資の額と資本の額（時価評価反映後）を比較して，のれんの額を算定します。そして，当該持分（本パターンでは10%）相当については，株式取得後に生じた利益剰余金を連結財務諸表上の利益剰余金として認識することになります（持分法実務指針 6 - 4 項第 3 段落）。

簡便法による会計処理

[X1年 3 月期の連結仕訳]

> 仕訳なし（簡便法の場合，関連会社になるまではのれんも識別されない）

[X2年 3 月期の連結仕訳]

> 仕訳なし（のれんの額は算定されるが，仕訳は計上されない）

　なお，持分法適用後に関連会社株式を追加的に取得して，引き続き関連会社であるようなケースでは，部分時価評価法の原則法を適用しているように，株式の追加的な取得時点において，追加取得した持分相当の資産および負債の時価評価と，のれん（または負ののれん）の識別（投資の額と資本の額の比較）が行われます（持分法実務指針16項）。

②　全部売却

　持分法適用会社の株式を売却した場合，資本のうち売却した株式に対応する持分の減少額と投資の減少額との間に生じた差額は，個別財務諸表で生じた株式売却損益の修正とするものとされています（持分法実務指針17項）。すなわ

ち，持分法適用後に連結財務諸表に取り込まれた持分法適用会社の利益は，個別財務諸表では株式の売却損益を構成しているものの，連結財務諸表上は過年度に認識済みの損益であるため，その部分を調整するというものです。

　持分法適用関連会社の株式の売却は，売却割合によって図表Ⅰ－6－8の3分類に分けられますが，ここではシンプルな全部売却の処理をパターンⅠ－6－7で確認します。

| 図表Ⅰ－6－8 | 持分法適用関連会社の売却の会計処理 |

分　類	会計処理
一部売却（引き続き関連会社）	売却持分に係る取得後利益剰余金とのれん未償却残高を個別財務諸表上の売却損益の修正として処理
一部売却（関連会社➡その他有価証券）	売却持分に係る取得後利益剰余金とのれん未償却残高を個別財務諸表上の売却損益の修正として処理した上で，残存持分に係る取得後利益剰余金とのれん未償却残高を投資から減額（※）（この結果，連結財務諸表上の従前の持分法適用会社株式の残高は個別財務諸表上の残高に調整される）
全部売却	すべての取得後利益剰余金とのれん未償却残高を個別財務諸表上の売却損益の修正として処理

（※）　当該減額は，連結株主資本等変動計算書において利益剰余金に直接加減する形で処理される。

| パターンⅠ－6－7 | 持分法適用関連会社株式の全部売却 |

[前提条件（各会社は3月決算を前提）]
① 投資会社P社は，X2年3月31日にA社の議決権比率の40%の株式（取得価額40,000）を取得しています。
② X2年3月31日の持分法適用関連会社A社の純資産は，資本金50,000，利益剰余金30,000とします。
③ 関連会社となった時点（X2年3月31日時点）において，帳簿価額と時価に差額があった資産および負債はありません。
④ 投資会社P社は，X3年3月31日に持分法適用関連会社A社の議決権比率の40%の株式（帳簿価額40,000，売却価額44,000，売却益4,000）を売却しています。
⑤ のれんは定額法で5年で償却します。
⑥ 各社の個別B/Sの勘定科目残高は所与とします。
⑦ その他の勘定科目や前提条件は考慮しません。

[取引関係図]
【X2年3月31日～X3年3月31日】

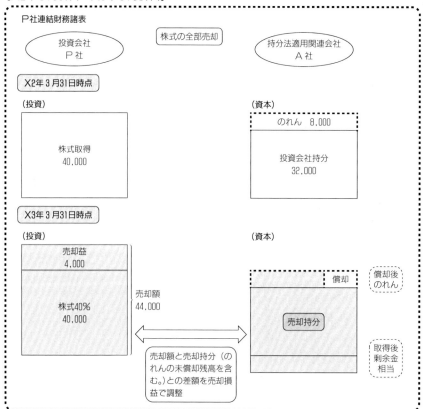

[各社個別 F/S]
【X3年3月期】

P社個別 B/S

| その他資産 | 520,000 | 資　本　金 | 200,000 |
| | | 利益剰余金 | 320,000 |

A社個別 B/S

| その他資産 | 105,000 | 資　本　金 | 50,000 |
| 土　　地 | 25,000 | 利益剰余金 | 80,000 |

[X3年3月期の連結仕訳]
＜当期純利益の取込み（持分法による投資損益の計上）＞

| （借）関連会社株式 | (※1)20,000 | （貸）持分法による投資損益 | (※1)20,000 |

（※１）　20,000＝50,000（関連会社Ａ社当期純利益（X2年とX3年の利益剰余金の差額（配当はなかったものとする）））×40％（投資会社Ｐ社持分比率（前提条件①参照））

＜のれんの償却＞

（借）　持分法による 　　　　投資損益	（※2）1,600	（貸）　関連会社株式	（※2）1,600

（※２）　1,600＝8,000（のれん）÷５年

＜投資と資本の相殺消去（売却）＞

（借）　投資有価証券売却益 　　　　投資有価証券売却損	（※3）4,000 （※4）14,400	（貸）　関連会社株式	（※5）18,400

（※３）　4,000……個別財務諸表上の売却益（前提条件④参照）
（※４）　14,400……差額にて算出
（※５）　18,400＝20,000（取得後利益剰余金）－1,600（のれん償却額（（※２）参照））

⑸　未実現損益の消去

　投資会社や連結子会社（以下，これらを合わせて「連結会社」といいます。）と持分法適用関連会社との間で棚卸資産や固定資産の売買を行うことがあります。連結グループ内での資産の売買は，企業集団を一体として捉えると連結財務諸表上は実現していない利益であることから消去されます。持分法適用関連会社の場合，当該会社の個別財務諸表は連結されていないものの，持分相当を実質的に連結財務諸表に取り込んでいる実態であることから，連結会社と持分法適用関連会社との資産売買で生じた利益のうち，いまだ外部に販売されていないもの等については，未実現利益としてその持分相当額のみを消去することになります（持分法会計基準13項）。

　以下では，持分法適用に際して消去される未実現利益の処理について，図表Ⅰ－６－９に記載した２つに分けて説明していきます。

図表Ⅰ－６－９　持分法と未実現損益

分　類	取引の流れ
ダウンストリーム	連結会社から持分法適用関連会社への資産の売却
アップストリーム	持分法適用関連会社から連結会社への資産の売却（持分法適用関連会社間の資産の売却を含む。）

①　ダウンストリーム

　売手である連結会社で生じた資産の売却益のうち，持分法適用関連会社の持分に見合う額を消去することになります。その場合の勘定科目は以下のとおりとされています（持分法実務指針12項）。

(借)　損　　　　　益(※)　　　×××　(貸)　関 連 会 社 株 式　　　×××

(※)　売手側の損益科目（棚卸資産の場合は「売上」，固定資産の場合は「固定資産売却益」）
　　を減額します。ただし，利害関係者の判断を著しく誤らせない場合には，「持分法による
　　投資損益」に加減することが可能とされています。

　ここでは，パターンⅠ－6－8において，償却性資産の未実現利益の消去を例に，会計処理をみていくこととします。なお，非償却性資産，棚卸資産の消去については，未実現利益が生じた際の連結修正仕訳に相違はなく，償却によって実現しない点が異なってきます。

パターンⅠ-6-8　　償却性資産の未実現利益の消去（ダウンストリーム）

[前提条件（各会社は3月決算を前提）]
① 　投資会社 P 社は，X1年4月1日に持分法適用関連会社 A 社（持分比率40%）に対して，機械装置（取得原価2,000，売却価額2,400，売却益400）を売却しています。
② 　投資会社 P 社は，X1年4月1日に上記①の機械装置を2,000で購入し，すぐに持分法適用関連会社 A 社に売却したものとします。
③ 　機械装置の減価償却方法は定額法，経済的耐用年数は10年，残存価額はゼロとします。
④ 　持分法適用関連会社 A 社は，X3年3月31日に外部の B 社に対して，上記①の機械装置を2,500で売却しています。
⑤ 　各社の個別 B/S および個別 P/L の勘定科目残高は，P 社，A 社，B 社の取引により発生したものです。
⑥ 　その他の勘定科目や前提条件は考慮しません。

［取引関係図　（※）未実現利益の金額は100%ベース］
【X2年3月期】

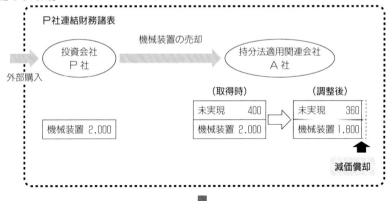

【X3年3月期】

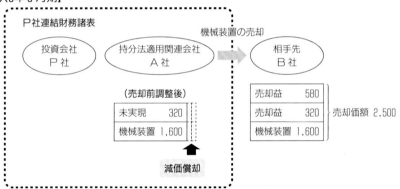

［各社個別 F/S および連結 F/S］
【X2年3月期】

（※1）　400……前提条件①参照
（※2）　240＝2,400（A社取得原価（前提条件①参照））÷10年（耐用年数（前提条件③参照））

（※ 3）　2,400……前提条件①参照

【X3年 3 月期】

A社個別 P/L

減価償却費	(※ 4)240	固定資産売却益	(※ 5)580

（※ 4）　240……（※ 2）参照

（※ 5）　580＝2,500（前提条件④参照）－1,920（2,400（B 社個別 B/S 取得原価）－480（240（X2年 3 月期減価償却費）＋240（X3年 3 月期減価償却費）））

［X2年 3 月期の連結仕訳］

＜未実現損益の消去＞

（借）　固定資産売却益	(※ 6)160	（貸）　関 連 会 社 株 式	(※ 6)160

（※ 6）　160＝400（未実現利益（（※ 1）参照））×40%（投資会社 P 社持分比率（前提条件①参照）

＜減価償却費の調整＞

（借）　関 連 会 社 株 式	(※ 7)16	（貸）　持 分 法 に よ る　投 資 損 益	(※ 7)16

（※ 7）　16＝160（（※ 6）参照）÷10年（耐用年数）

［X3年 3 月期の連結仕訳］

＜開始仕訳（未実現損益の消去）＞

（借）　利益剰余金期首残高	(※ 8)144	（貸）　関 連 会 社 株 式	(※ 8)144

（※ 8）　144……未実現利益仕訳の繰越し

　前連結会計年度の未実現利益の消去および減価償却費の調整仕訳は，連結財務諸表上の利益の調整仕訳となるため，開始仕訳として繰り越されます。

＜減価償却費の調整＞

（借）　関 連 会 社 株 式	(※ 9)16	（貸）　持 分 法 に よ る　投 資 損 益	(※ 9)16

（※ 9）　16＝160（（※ 6）参照）÷10年（耐用年数）

＜未実現損益の実現＞

(借)　関連会社株式	(※10)128	(貸)　持 分 法 に よ る 　　　投 資 損 益	(※10)128

(※10)　128＝144（開始仕訳）－16（X3年減価償却費調整）

　機械装置が外部のB社に売却されていることから，連結財務諸表上の連結修正仕訳で調整されてきた未実現利益（持分相当額）160と減価償却費の調整（同）32の取崩しが行われますが，両者の差額である128は，未実現利益の実現仕訳として，持分法適用関連会社で計上された固定資産売却益，すなわち持分法による投資損益の調整に含められます。

　なお，売手が投資会社ではなく連結子会社であり，当該連結子会社に非支配株主が存在する場合には，消去した未実現利益のうち，非支配株主持分に係る部分を非支配株主に負担させる必要があります（以下の仕訳イメージ参照）。

(借)　損　　　　　益	×××	(貸)　関連会社株式	×××

(借)　非支配株主持分	×××	(貸)　非支配株主に帰属 　　　する当期純利益	×××

②　アップストリーム

　売手である持分法適用関連会社で生じた資産の売却益のうち，持分法適用関連会社の持分に見合う額を消去することになります。その場合の勘定科目は以下のとおりとされています（持分法実務指針13項）。

(借)　持 分 法 に よ る 　　　投 資 損 益	×××	(貸)　資　　　　　産(※)	×××

(※)　買手側の資産科目を減額します。ただし，利害関係者の判断を著しく誤らせない場合には，「投資有価証券」に加減することが可能とされています。

　仮に，未実現利益が生じた項目が償却性資産であったとすると，減価償却および売却による実現の仕訳は以下のとおりとなります。

＜減価償却による実現＞

(借)　資　　　　　産(※1)	×××	(貸)　減 価 償 却 費(※2)	×××

＜売却による実現＞

（借）資	産(※1)	×× ×	（貸）損	益(※2)	×× ×

(※1)　当初投資有価証券で調整した場合には，投資有価証券を戻し入れます。
(※2)　借方が投資有価証券である場合，持分法による投資損益を調整することが考えられます。

⑥　設例による連結精算表の作り方

　持分法の場合，多くのケースで貸借対照表は「投資有価証券」（関連会社株式），損益計算書は「持分法による投資損益」で処理されるため，連結精算表も非常にシンプルとなります（一部，持分法における未実現利益の調整仕訳においては，異なる勘定科目が用いられる場合があります。）。ここでは，未実現利益の処理を例に，連結精算表の作り方を見ていきます。
　なお，前提条件はパターンⅠ－6－8と同様です。

設例Ⅰ－6－1　　償却性資産の未実現利益の消去（ダウンストリーム）

［前提条件（各会社は3月決算を前提）］
①　投資会社P社は，X1年4月1日に持分法適用関連会社A社（持分比率40％）に対して，機械装置（取得原価2,000，売却価額2,400，売却益400）を売却しています。
②　投資会社P社は，X1年4月1日に上記①の機械装置を2,000で購入し，すぐに持分法適用関連会社A社に売却したものとします。
③　機械装置の減価償却方法は定額法，経済的耐用年数は10年，残存価額はゼロとします。
④　持分法適用関連会社A社は，X3年3月31日に外部のB社に対して，上記①の機械装置を2,500で売却しています。
⑤　連結精算表上の投資会社P社の数字は所与とします。
⑥　その他の勘定科目や前提条件は考慮しません。

［X3年3月期の連結精算表］

項目	精算表勘定科目	投資会社P社	単純合算表	個別修正仕訳後合算表	連結修正仕訳 持分法関係 開始仕訳（持分法）	その他持分法仕訳	連結修正仕訳合計	連結精算表合計
連結B/S	関連会社株式	2,000	2,000	2,000	(※1) △144	(※2) 144	0	2,000
連結P/L	持分法による投資利益		0	0		(※2) 144 <*B>	144	144
連結S/E	利益剰余金期首残高	50,000	50,000	50,000	(※1) △144 <*A>		<*C> △144	49,856

(※1) 144＝400（未実現利益）×40%（投資会社P社持分比率（前提条件①参照））÷10年（耐用年数）×9年（期首残存年数）

(※2) 144＝16（（※3）参照）＋128（（※4）参照）

(※3) 16＝400（未実現利益）×40%（投資会社P社持分比率（前提条件①参照））÷10年（耐用年数）

(※4) 128＝144（（※1）参照）−16（（※3）参照）

開始仕訳の項目を使用（前期のため）

その他持分法仕訳の項目を使用

［X3年3月期の連結精算表上の調整内容］

１．全般事項

　前期までの未実現仕訳を開始仕訳として引き継いだ上で，売却により未実現利益はすべて実現処理されます。

２．個別事項

＜＊Ａ＞……開始仕訳（前期の未実現利益の消去仕訳の引継ぎ）

＜＊Ｂ＞……減価償却による未実現利益の実現仕訳

＜＊Ｃ＞……売却による未実現利益の実現仕訳

［X3年3月期の連結仕訳］

＜開始仕訳（未実現損益の消去）＞

（借）　利益剰余金期首残高	<*A>144	（貸）　関連会社株式	<*A>144

＜減価償却費の調整＞

（借）　関連会社株式	<*B>16	（貸）　持分法による投資損益	<*B>16

＜未実現損益の実現＞

（借）　関連会社株式	<*C>128	（貸）　持分法による投資損益	<*C>128

(7)　実務上の留意事項等

①　関連会社とのコミュニケーション

　関連会社の場合，株式取得の経緯などから，支配関係がある子会社と異なり，スムーズなコミュニケーションが難しいようなケースもあります。持分法とはいえ，連結財務諸表に数値が取り込まれている点は子会社と変わりはないため，連結財務諸表の作成に際しては，必要な情報が適時に入手できるように，日頃から適切な関係を構築しておくことが大切になってきます。

②　関連会社の決算内容の把握

　関連会社は，連結子会社とは異なり，財務諸表それ自体も「投資有価証券」（関連会社株式）および「持分法による投資損益」という単一の科目で取り込まれ，また，ほとんどの注記項目が対象外であるため，連結パッケージで取り込まれてくる情報も限定的になりがちです。

　しかしながら，適切な連結財務諸表を作成する責任は投資会社にあり，そのベースは，関連会社の決算が適切に行われていることにあります。このため，決算内容の把握や決算の分析が可能となるような情報については，可能な範囲で入手しておくことが重要です。特に，貸借対照表，損益計算書といった主要財務諸表について，最終的に「投資有価証券」および「持分法による投資損益」という単一の科目で取り込まれてしまうために，連結パッケージの科目ごとの金額の入り繰りなどが見過ごされているケースもあります。しかしながら，適切に増減分析を実施するためには，関連会社であったとしても，子会社と同様の科目区分により，連結パッケージの貸借対照表，損益計算書を作成して提出してもらう必要があると考えられます。

③　関連会社株式残高のプルーフ

　前記「第4章5(4)　非支配株主持分残高のプルーフ」では，非支配株主が存在する子会社について，当該子会社の純資産残高や持分比率などから非支配株主持分残高の理論値を算出し，実際の連結仕訳により会社別に積み上げた残高と比較するプルーフの方法を説明しました。

　本項で解説している持分法適用会社の株式残高についても，同様のプルーフが可能であるため，ここで説明します。図表 I − 6 −10は実際の持分法適用関

| 図表Ⅰ－6－10 | | | | 関連会社株式残高のプルーフ表の例 | | | | | | |

持分法適用 関連会社名	純資産	持分 比率	純資産 (持分相当)	調整項目				関連会社株式 理論値	関連会社株式 残高	差額
				のれん残高	評価差額	未実現	その他			
A社	XX,XXX	35.0%	XX,XXX	X,XXX	X,XXX	△X,XXX	XXX	XX,XXX	XX,XXX	0
B社	X,XXX	40.0%	X,XXX	－	－	△XXX	－	X,XXX	X,XXX	0

連会社に係る理論値と残高の比較表の例になります。

　持分法が適用される関連会社株式の理論値の算定は，まず，個別財務諸表上の純資産残高に持分比率を乗じるところから始まります。その上で，のれん残高，部分時価評価法の適用に伴う評価差額，未実現利益の調整，その他個別修正仕訳の反映など，必要な調整を施して，理論値が算定されます。この理論値と，投資会社の個別財務諸表における株式残高と持分法仕訳を合算した連結精算表上の株式残高を比較して，差額が生じた場合にはその要因を分析し，持分法仕訳の漏れや誤りがないかどうかを検討することになります。

　なお，連結精算表上の株式残高を集計する際には，仕訳が投資先別に集計される必要がありますので，仕訳の摘要欄などでどこの持分法適用会社に係る仕訳なのかがわかるようにしておく必要があります。

⑻　連結精算表作成のための補助資料

　持分法が適用となる関連会社からも連結パッケージという形で連結決算に必要な情報を入手することになります。連結子会社において提出が求められる資料のうち，関連会社においては必須とはならないものがありますが，図表Ⅰ－6－11にこれらの区分を記載していますので，参考にしてください。

　ただし，不要なものとした中にも，決算の分析において重要な項目がある場合には，入手したほうが望ましいものもあるため，ご留意いただければと思います（前記「⑺②　関連会社の決算内容の把握」参照）。

図表Ⅰ－6－11	関連会社における連結パッケージ

必要なもの	不要なもの
• 財務諸表本表（B/S，P/L，S/E） • 資本増減明細 • 投資増減明細 • 未実現損益に関する情報 • 税率に関する情報(※) • 課税所得に関する情報(※)	• 種々の注記情報 • グループ内取引・債権債務に関する情報

（※）　持分法適用関連会社で生じた未実現損益に係る税効果会計の適用に際して必要となる。

2 外貨換算に関する会計処理の概要

(1) 在外子会社の財務諸表項目の換算

① 日本企業の海外進出

　現代の日本企業においては，伝統的な製造業を営む企業が海外に進出するだけではなく，比較的社歴の浅い企業でも海外進出を行うケースが増えているように思われます。ここ数年の企業経営の1つのキーワードは「選択と集中」ではないかと思いますが，事業領域を成長分野，高収益分野に集中させるのみならず，マーケットを積極的に海外に求めるケースが多くなっていることがその理由として考えられます。

　そして，海外進出の形態として，日本の親会社が直接海外の企業と取引するケースだけでなく，海外に現地法人（在外子会社）を設けて，海外に打って出るケースも多いと思われます。在外子会社は，その所在地国の通貨で決算を行うことが通例であるため，アメリカであれば米ドル，ヨーロッパであればユーロや英ポンドなど，中国であれば人民元といったような通貨で決算書（財務諸表）が作成されます。このとき，本邦親会社の連結財務諸表は日本円で作成されますので，在外子会社決算の「外貨換算」という論点が生じます。

② 在外子会社の外貨建財務諸表の換算

　在外子会社の決算は通常，所在地国の通貨で行われます。そして，当該外貨建ての個別財務諸表は，連結財務諸表の作成に際して，日本円に換算される必要があります。その外貨換算の方法は，B/S，P/L等の各項目を一律の為替

レートで換算するのではなく，図表Ⅰ－6－12に記載した各々のレートで換算されることになります（外貨建会計基準三）。

図表Ⅰ－6－12 在外子会社の外貨建財務諸表の換算レート

項　目	レート
資産および負債	決算日レート
資本	発生時レート（親会社が株式を取得したときのレートまたは当該項目の発生時のレート）
収益および費用	（原則）期中平均レート
	（例外）決算日レート

⑵ 為替換算調整勘定の性質とその算定方法

① 在外子会社の外貨建財務諸表の具体的な換算方法

ここでは，図表Ⅰ－6－12に示したレートを使って，簡単な例をもって，在外子会社の決算書を換算してみます。

設例Ⅰ－6－2　在外子会社の外貨建財務諸表の換算

［前提条件］
① 親会社Ｐ社（3月決算）は，X1年4月1日に同じく3月決算の在外子会社Ａ社を米国に設立しています。Ａ社はその決算書を米ドルで作成します。
② 財務諸表の換算に必要な為替レートのデータは以下のとおりです。
　　X1年4月1日（設立時）：100円/米ドル
　　X2年3月期の期中平均レート：110円/米ドル
　　X2年3月31日（設立第1期の決算日）：120円/米ドル
③ X2年3月31日のＡ社の米ドル建財務諸表は以下のとおりです。

科目	金額（百万米ドル）	科目	金額（百万米ドル）
資産	100	負債	50
		資本金	30
		利益剰余金	20
費用	100	収益	120
当期純利益	20		

［換算後財務諸表］

項目	金額（百万米ドル）	レート	金額（百万円）	項目	金額（百万米ドル）	レート	金額（百万円）
資産	100	120	12,000	負債	50	120	6,000
				資本金	30	100	3,000
				利益剰余金	20	110	2,200
				×××			800
費用	100	110	11,000	収益	120	110	13,200
当期純利益	20	110	2,200				

［解説］
　上の換算後財務諸表を見ていただくと，損益計算書項目は換算レートが単一であるため，差額は生じていません。一方，貸借対照表項目は，資産および負債の換算レート（決算日レート）と資本の換算レート（発生時レート）が異なるため，800の差額が生じています。この差額を「為替換算調整勘定」として貸借対照表の純資産の部に表示して，連結財務諸表の作成へ進んでいくことになります。

②　為替換算調整勘定の性質

　在外子会社の財務諸表の換算によって生じる貸借差額は，「為替換算調整勘定」として貸借対照表の純資産の部に計上される点を設例Ⅰ－6－2でご確認いただきました（外貨建会計基準三4）。この為替換算調整勘定は，どのような性質をもった勘定なのでしょうか。
　設例Ⅰ－6－2では，当該在外子会社の純資産がプラスであることを前提に，為替レートが円安になる例を示しました。この場合，資産，負債は円安となったレートで換算される一方，資本項目は円高時代のレートで換算されるため，

貸方側に差額が生じることになります。この差額は，為替レートが円安（外貨高）になったことによる為替の「含み益」を表しており，実際に当該子会社の株式を売却したときに，子会社株式売却益に含まれる形で実現することになります。別の言い方をすると，為替レートが円安になることで，投資時よりも外貨１単位当たりの円貨が増加することとなり，この増加分が含み益として円貨換算後の財務諸表に為替換算調整勘定という科目で計上されることになるのです。

　他方，為替レートが円高に振れた場合には，反対に当該投資には為替の含み損が生じていることになり，為替換算調整勘定はマイナス（借方側）に計上されることになります（図表Ⅰ－6－13参照）。

| 図表Ⅰ－6－13 | 為替換算調整勘定（在外子会社の為替の含み損益）の計上 |

為替レート	純資産プラス	純資産マイナス
円高に変動	為替換算調整勘定は減少	為替換算調整勘定は増加
円安に変動	為替換算調整勘定は増加	為替換算調整勘定は減少

（※）　為替換算調整勘定が正の値（貸方残高）であることを前提としている。

　各在外子会社で生じる為替換算調整勘定は，純資産の部のその他の包括利益累計額として表示され，投資と資本の相殺消去などで相殺されることなく，連結貸借対照表に計上されることになります。ただし，後記「(3)　在外子会社の資本連結手続における会計処理」で説明するように，当該子会社に外部株主（非支配株主）が存在する場合には，当該持分部分を非支配株主持分へ振り替えるため，子会社の財務諸表を換算した結果として算定された為替換算調整勘定の金額と相違することになります。

(3)　在外子会社の資本連結手続における会計処理

　それでは，本項で具体的に在外子会社の株式を取得して子会社化したときの会計処理（資本連結手続）をみていきたいと思います。なお，設立出資の場合には，株式取得のケースと異なりのれんは生じませんが，基本的な換算や投資と資本の相殺消去の仕組みは同様です。

①　株式取得の資本連結

　ここでは，外国に所在する会社を買収した際の会計処理を解説していきます。

　子会社化に際しては，投資と資本の相殺消去仕訳によりのれんが計上されますが，のれんの金額は外貨で把握され，他の資産項目と同じように，毎期決算日レートで換算替えされることになります。(外貨建実務指針40項)。

　また，支配獲得時に行われる資産および負債の時価評価に際して，資産および負債の修正額は，他の資産および負債項目と同様に，決算日レートで換算されます。他方，投資と資本の相殺消去仕訳で最終的に消去される評価差額については，子会社の資本を構成する項目のため，発生時(支配獲得時)の為替レートで換算されることになります(外貨建実務指針37項)。

　具体的な連結仕訳をパターンⅠ－6－9で見ていきます。

パターンⅠ－6－9　　在外子会社の株式取得の資本連結

[前提条件(連結会社は3月決算を前提)]
① 　親会社P社は，X2年3月31日にA社の議決権比率の80%の株式(取得価額1,000米ドル，為替レート100円/米ドル)を取得し連結子会社としています。
　　なお，非支配株主持分比率は20%です。
② 　支配獲得日時点(X2年3月31日時点)において，帳簿価額と時価に差額があった資産および負債は以下のものとします。
　　(土地)帳簿価額250米ドル，時価500米ドル，評価差額250米ドル
③ 　のれんは定額法により5年で償却します。
④ 　各社の個別B/Sの勘定科目残高は所与とします。
⑤ 　その他の勘定科目や前提条件は考慮しません。

[取引関係図]

【X2年3月31日】

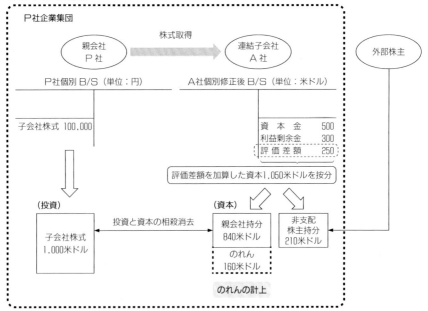

[各社個別F/Sおよび連結F/S]

【X2年3月期】

P社個別B/S		
その他資産	250,000	資　本　金　200,000
子会社株式	100,000	利益剰余金　150,000

A社個別B/S（修正前・換算前）		
その他資産	550	資　本　金　500
土　　地	250	利益剰余金　300

A社個別B/S（修正前・換算後）		
その他資産	55,000	資　本　金　50,000
土　　地	25,000	利益剰余金　30,000

P社連結B/S		
その他資産(※1)	305,000	資　本　金(※4) 200,000
土　　地(※2)	50,000	利益剰余金(※5) 150,000
の　れ　ん(※3)	16,000	非支配株主持分(※6) 21,000

（※1）　305,000＝250,000（親会社P社その他資産）＋55,000（連結子会社A社その他資産（換算後））

（※2）　50,000＝500米ドル（連結子会社A社時価評価後の土地（前提条件②参照））×100円/

米ドル（決算日レート）

(※3)　16,000＝100,000（親会社 P 社子会社株式）－(50,000（連結子会社 A 社資本金（換算後））＋30,000（連結子会社 A 社利益剰余金（換算後））＋25,000（評価差額（前提条件②参照）（換算後))×80%（親会社持分比率（前提条件①参照))

(※4)　200,000……P 社資本金

(※5)　150,000……P 社利益剰余金

(※6)　21,000＝(50,000（連結子会社 A 社資本金（換算後))＋30,000（連結子会社 A 社利益剰余金（換算後))＋25,000（評価差額（前提条件②参照）（換算後)))×20%（非支配株主持分比率（前提条件①参照)

[X2年3月期の連結仕訳]

<個別修正仕訳（評価差額）>

（借）土　　　地	(※7)25,000	（貸）評　価　差　額	(※7)25,000

(※7)　25,000＝250米ドル（時価評価差額（前提条件②参照))×100円/米ドル（取得日（支配獲得時）レート）

<投資と資本の相殺消去>

（借）資　　本　　金	(※8)50,000	（貸）子 会 社 株 式	(※10)100,000
利 益 剰 余 金	(※9)30,000	非支配株主持分	(※6)21,000
評 価 差 額	(※7)25,000		
の　　れ　　ん	(※3)16,000		

(※8)　50,000＝500米ドル（連結子会社 A 社資本金)×100円/米ドル（取得日（支配獲得時）レート）

(※9)　30,000＝300米ドル（連結子会社 A 社利益剰余金)×100円/米ドル（取得日（支配獲得時）レート）

(※10)　100,000……親会社 P 社の子会社株式

②　株式取得後の資本連結

続いて，株式取得後の資本連結を解説していきます。

財務諸表の換算については，前記「(2)①　在外子会社の外貨建財務諸表の具体的な換算方法」において解説したとおりですが，在外子会社の財務諸表の換算により生じた為替換算調整勘定のうち，非支配株主に帰属する部分については，非支配株主持分へと振り替えることになります（外貨建実務指針39項）。

また，のれん償却額については，他の損益項目と同様，原則として期中平均レートで換算されます（外貨建実務指針40項）。

具体的な連結仕訳はパターンⅠ－6－10で見ていくこととします。

パターンⅠ-6-10	在外子会社の株式取得後の資本連結

[前提条件（連結会社は3月決算を前提）]

①　パターンⅠ-6-9の翌年度（X3年3月期）の為替レートは以下のとおりとします。

期中平均レート：110円/米ドル

決算日レート：120円/米ドル

②　配当は行われていないものとします。

③　その他の前提条件はパターンⅠ-6-9をご参照ください。

④　各社の個別B/Sおよび個別P/Lの勘定科目残高は所与とします。

⑤　その他の勘定科目や前提条件は考慮しません。

[各社個別F/S]

【X3年3月期】

P社個別B/S

その他資産	300,000	資　本　金	200,000
子会社株式	100,000	利益剰余金	200,000

A社個別B/S（換算前）

その他資産	750	資　本　金	500
土　　　地	250	利益剰余金	500

A社個別B/S（換算後）

その他資産	90,000	資　本　金	50,000
土　　　地	30,000	利益剰余金	52,000
		為替換算調整勘定	18,000

P社個別P/L

費　　　用	150,000	収　　　益	200,000
当期純利益	50,000		

A社個別P/L（換算前）

費　　　用	800	収　　　益	1,000
当期純利益	200		

A社個別P/L（換算後）

費　　　用	88,000	収　　　益	110,000
当期純利益	22,000		

[X3年3月期の連結仕訳]

<開始仕訳（修正仕訳（評価差額））>

（借）土　　　　　　地	(※1)30,000	（貸）評　価　差　額	(※2)25,000
		為替換算調整勘定	(※3)5,000

（※1）　30,000＝250米ドル（評価差額）×120円/米ドル（決算日レート）

（※2）　評価差額は発生時レートで換算されるため繰越し

（※3）　差額により算出

<開始仕訳（投資と資本の相殺消去）>

（借）資　本　金	50,000	（貸）子 会 社 株 式	100,000
利益剰余金期首残高	30,000	非支配株主持分	21,000
評　価　差　額	25,000		
の　れ　ん	16,000		

（注）　資本連結は繰越し（パターンⅠ－6－9参照）

<当期純利益の按分>

（借）非支配株主に帰属 する当期純利益	(※4)4,400	（貸）非支配株主持分	(※4)4,400

（※4）　4,400＝22,000（当期純利益（換算後））×20%（非支配株主持分比率）

<為替換算調整勘定の按分>

（借）為替換算調整勘定	(※5)4,600	（貸）非支配株主持分	(※5)4,600

（※5）　4,600＝(18,000（為替換算調整勘定（貸借対照表））＋5,000（為替換算調整勘定（評価差額）))×20%（非支配株主持分比率）

<のれんの償却>

（借）のれん償却額	(※6)3,520	（貸）の　れ　ん	(※6)3,520

（※6）　3,520＝160米ドル（のれんの当初計上額（パターンⅠ－6－9の取引関係図参照））÷5年（償却年数（パターンⅠ－6－9の前提条件③参照））×110円/米ドル（期中平均レート）

<のれんの換算>

（借）の　れ　ん	(※7)2,880	（貸）為替換算調整勘定	(※7)2,880

（※7）　2,880＝(160米ドル－32米ドル（160米ドル÷5年）(のれんの外貨建残高))×120円/米ドル（決算日レート）－(16,000円－3,520円)（のれんの円建残高）

　なお，のれんの換算から生じる為替換算調整勘定については，のれん自体が親会社持分に対応して計上されていることから，非支配株主持分への按分は行われません。

③　配当金の相殺消去

　最後に，配当金の相殺消去について解説します。

　在外子会社において，その株主総会で配当が決議されたときには，当該決議時のレートで利益剰余金を減額することになります(外貨建実務指針44項)。すなわち，配当による利益剰余金の減額も資本項目の変動であるため，他の資本

項目と同様，発生（減額）時のレートで換算されることになります。配当金の原資となる利益剰余金は，連結財務諸表上，利益が計上されたときのレートで換算されているため，配当により減額されるときのレートの相違による差分は，為替換算調整勘定として株式の売却時，または清算時まで繰り越されていきます。

　なお，配当を受け取る親会社の側では，基本的に収益計上時（子会社の配当決議時）のレートで個別財務諸表上の受取配当金が換算されているため，配当金の相殺消去において差額は生じません。

⑷　取引高および債権と債務の相殺消去における会計処理

　取引高および債権と債務の相殺消去の基本的な会計処理は，前記「第2章　取引高および債権と債務の相殺消去」において解説したとおりです。ここでは，日本に所在する親会社または連結子会社と，海外に所在する連結子会社との間で行われた取引を前提として，取引高および債権と債務の相殺消去と外貨換算との関係を解説していきます。

①　債権と債務の相殺消去

　親会社から在外子会社に対して外貨建て（米ドル）で商品を売り上げたとして，親会社の個別財務諸表上で米ドル建ての売掛金が，在外子会社（米ドル建決算）の個別財務諸表上で買掛金が計上されているものとします。

　このとき，債権と債務の相殺消去の前提となるそれぞれの換算は図表Ⅰ－6－14のとおりとなります。

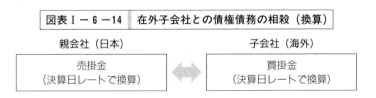

| 図表Ⅰ－6－14 | 在外子会社との債権債務の相殺（換算） |

親会社（日本）　　　　　　　　　　　　　　子会社（海外）

売掛金
（決算日レートで換算）　⇔　買掛金
（決算日レートで換算）

　親会社側の米ドル建債権は，外貨建会計基準の定めに基づいて，決算日レートで円貨に換算されます（外貨建会計基準一2(1)②）。他方，在外子会社側の米ドル建債務は，前記「(2)①　在外子会社の外貨建財務諸表の具体的な換算方

法」にて解説したとおり，決算日レートで円貨に換算されます（外貨建会計基準三1）。このため，同一の金額を同じレートで換算することになるため，両者に差額は生じないことになります。

②　取引高の相殺消去

前記「①　債権と債務の相殺消去」と同じく，親会社から在外子会社に対する売上取引を前提に，その換算と相殺消去について確認します。この場合，親会社の個別財務諸表上で米ドル建ての売上高が，在外子会社（米ドル建決算）の個別財務諸表上で仕入（売上原価）が計上されていることになります。

このとき，取引高の相殺消去の前提となるそれぞれの換算は図表Ⅰ－6－15のとおりとなります。

図表Ⅰ－6－15	在外子会社との取引高の相殺消去（換算）

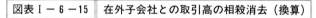

親会社（日本）		子会社（海外）
売上高 （原則，発生時レートで換算）		売上原価 （親会社でのレートで換算）

親会社側の米ドル建売上高は，外貨建会計基準の定めに基づいて，原則として発生時レートで円貨に換算されます（外貨建会計基準一1）。他方，在外子会社側の米ドル建取引は，前記「(2)①　在外子会社の外貨建財務諸表の具体的な換算方法」にて解説したとおり，原則として期中平均レートで換算するとされているものの，親会社との間で行われた取引については，特例的に親会社が用いたレートで円貨に換算され，差額は為替差損益に計上することとされています（外貨建会計基準三3なお書き）。このため，同一の金額を同じレートで換算することになるため，両者に差額は生じないことになります。

⑤　設例による連結精算表の作り方

この設例では，在外子会社の株式取得後の会計処理（利益および為替換算調整勘定の按分，のれんの換算および償却）を取り扱います。なお，前提条件はパターンⅠ－6－10と同様です。

設例Ⅰ－6－3　　在外子会社の株式取得の資本連結（一括で支配獲得）

［前提条件（連結会社は3月決算を前提）］

① 　親会社P社は，X2年3月31日にA社の議決権比率の80％の株式（取得価額1,000米ドル，為替レート100円/米ドル）を取得し連結子会社としています。X2年3月31日時点のA社の資本金は500米ドル，利益剰余金は300米ドルとします。

　　なお，非支配株主持分比率は20％です。

② 　支配獲得日時点（X2年3月31日時点）において，帳簿価額と時価に差額があった資産および負債は以下のものとします。

　　（土地）帳簿価額250米ドル，時価500米ドル，評価差額250米ドル

③ 　のれんは定額法により5年で償却します。

④ 　株式取得翌年度（X3年3月期）の為替レートは以下のとおりとします。

　　期中平均レート：110円/米ドル

　　決算日レート：120円/米ドル

⑤ 　配当は行われていないものとします。

⑥ 　各社の個別B/Sおよび個別P/Lの勘定科目残高は所与とします。

⑦ 　その他の勘定科目や前提条件は考慮しません。

［X3年3月期の各社個別F/S］

P社個別B/S

| その他資産 | 300,000 | 資　本　金 | 200,000 |
| 子会社株式 | 100,000 | 利益剰余金 | 200,000 |

A社個別B/S（換算前）

| その他資産 | 750 | 資　本　金 | 500 |
| 土　　地 | 250 | 利益剰余金 | 500 |

A社個別B/S（換算後）

その他資産	90,000	資　本　金	50,000
土　　地	30,000	利益剰余金	52,000
		為替換算調整勘定	18,000

P社個別P/L

| 費　　用 | 150,000 | 収　　益 | 200,000 |
| 当期純利益 | 50,000 | | |

A社個別P/L（換算前）

| 費　　用 | 800 | 収　　益 | 1,000 |
| 当期純利益 | 200 | | |

A社個別P/L（換算後）

| 費　　用 | 88,000 | 収　　益 | 110,000 |
| 当期純利益 | 22,000 | | |

［X3年3月期の連結精算表］

202〜203頁に掲載しています。

[X3年 3 月期の連結精算表上の調整内容]

1．全般事項

在外子会社 A 社の資本連結仕訳のうち，当期純利益および為替換算調整勘定の非支配株主持分への按分，のれんの償却およびのれんの換算を取り扱います。

2．個別事項

＜＊A＞……土地の時価評価
＜＊B＞……開始仕訳（投資と資本の相殺消去）
＜＊C＞……当期純利益の非支配株主持分への振替え
＜＊D＞……為替換算調整勘定の非支配株主持分への振替え
＜＊E＞……のれん償却
＜＊F＞……のれんの換算

[X3年 3 月期の連結仕訳]

＜開始仕訳（個別修正仕訳（評価差額））＞

（借）土地	＜＊A＞30,000	（貸）評価差額	＜＊A＞25,000
		為替換算調整勘定	＜＊A＞5,000

＜開始仕訳（投資と資本の相殺消去）＞

（借）資本金	＜＊B＞50,000	（貸）子会社株式	＜＊B＞100,000
利益剰余金期首残高	＜＊B＞30,000	非支配株主持分	＜＊B＞21,000
評価差額	＜＊B＞25,000		
の れ ん	＜＊B＞16,000		

＜当期純利益の按分＞

（借）非支配株主に帰属する当期純利益	＜＊C＞4,400	（貸）非支配株主持分	＜＊C＞4,400

＜為替換算調整勘定の按分＞

（借）為替換算調整勘定	＜＊D＞4,600	（貸）非支配株主持分	＜＊D＞4,600

＜のれんの償却＞

（借）のれん償却額	＜＊E＞3,520	（貸）の れ ん	＜＊E＞3,520

＜のれんの換算＞

（借）の れ ん	＜＊F＞2,880	（貸）為替換算調整勘定	＜＊F＞2,880

［設例Ⅰ－6－3の連結精算表］

項目	精算表勘定科目	親会社 P社	子会社 A社	単純合算表	個別修正仕訳 評価差額 その他	個別修正仕訳合計
連結B/S	現金預金	300,000	90,000	390,000		0
	流動資産合計	300,000	90,000	390,000	0	0
	土地		30,000	30,000	(※1) 30,000	30,000
	有形固定資産合計	0	30,000	30,000	30,000	30,000
	のれん			0		0
	無形固定資産合計	0	0	0	0	0
	子会社株式	100,000		100,000		
	投資その他の資産合計	100,000	0	100,000	0	0
	固定資産合計	100,000	30,000	130,000	30,000	30,000
	資産合計	400,000	120,000	520,000	30,000	30,000
	資本金	200,000	50,000	250,000	0	0
	利益剰余金	200,000	52,000	252,000	0	0
	株主資本合計	400,000	102,000	502,000	0	0
	為替換算調整勘定		18,000	18,000	(※3) 5,000	5,000
	その他の包括利益累計額合計	0	18,000	18,000	5,000	5,000
	非支配株主持分			0		0
	評価差額（個別修正用）			0	(※2) 25,000 <※A>	25,000
	純資産合計	400,000	120,000	520,000	30,000	30,000
	負債純資産合計	400,000	120,000	520,000	30,000	30,000
連結P/L	のれん償却額			0		0
	当期純利益（P/L）	50,000	22,000	72,000	0	0
	非支配株主に帰属する当期純利益			0		0
	親会社株主に帰属する当期純利益	50,000	22,000	72,000	0	0

評価差額その他の
項目を使用

（※1）　30,000＝250米ドル（時価評価差額（前提条件❷参照））×120円/米ドル（期末日レート）

（※2）　25,000＝250米ドル（時価評価差額（前提条件❷参照））×100円/米ドル（支配獲得日レート）

（※3）　5,000＝30,000（（※1）参照）－25,000（（※2）参照）

（※4）　16,000……投資と資本の相殺消去による差額

（※5）　100,000＝1,000米ドル×100円/米ドル（支配獲得日レート）

（※6）　50,000＝500米ドル（連結子会社A社資本金）×100円/米ドル（支配獲得日レート）

（※7）　30,000＝300米ドル（連結子会社A社取得時利益剰余金）×100円/米ドル（支配獲得日レート）

（※8）　21,000＝(50,000（連結子会社A社資本金（換算後））＋30,000（連結子会社A社取得時利益剰余金（換算後））＋25,000（評価差額（換算後）))×20%（非支配株主持分比率）

（※9）　25,000……評価差額（（※2）参照）

（※10）　4,400＝22,000（当期純利益（換算後））×20%（非支配株主持分比率）

（※11）　4,600＝(18,000（為替換算調整勘定（貸借対照表））＋5,000（為替換算調整勘定（（※3）の評価差額)))×20%（非支配株主持分比率）

（※12）　3,520＝160米ドル（のれんの当初計上額（パターンⅠ－6－9の取引関係図参照））÷5年（償却年数（前提条件❸参照））×110円/米ドル（期中平均レート）

（※13）　2,880＝(160米ドル－32米ドル（160米ドル÷5年）(のれんの外貨建残高))×120円/米ドル（決算日レート）－(16,000円－3,520円)(のれんの円建残高)

（※14）　640＝3,520（（※12）参照）－2,880（（※13）参照）

個別修正仕訳後合算表	連結修正仕訳			連結修正仕訳合計	連結精算表合計
	資本連結関係				
	開始仕訳（資本連結）	のれん償却・利益按分・配当金相殺	評価・換算差額等		
390,000				0	390,000
390,000	0	0		0	390,000
60,000				0	60,000
60,000	0	0		0	60,000
0	(※4) 16,000	(※14) △640		15,360	15,360
0	16,000	△640		15,360	15,360
100,000	(※5) △100,000			△100,000	0
100,000	△100,000	0		△100,000	0
160,000	△84,000	△640		△84,640	75,360
550,000	△84,000	△640		△84,640	465,360
250,000	(※6) △50,000	0		△50,000	200,000
252,000	(※7) △30,000	△7,920		△37,920	214,080
502,000	△80,000	△7,920 <*F>		△87,920	414,080
23,000		(※13) 2,880	(※11) △4,600	△1,720	21,280
23,000	0	2,880	△4,600	△1,720	21,280
0	(※8) 21,000	(※10) 4,400	(※11) 4,600 <*D>	30,000	30,000
25,000	(※9) △25,000 <*B>			△25,000	0
550,000	△84,000	△640		△84,640	465,360
550,000	△84,000	△640		△84,640	465,360
0		(※12) 3,520 <*E>		3,520	3,520
72,000	0	△3,520		△3,520	68,480
0		(※10) 4,400 <*C>		4,400	4,400
72,000	0	△7,920		△7,920	64,080

 開始仕訳の項目を使用（前期のため）

 のれん償却・利益按分・配当金相殺の項目を使用

 評価・換算差額等の項目を使用

⑹　実務上の留意事項等

①　在外子会社とのコミュニケーション

　ここまで，外貨建てで作成される在外子会社の財務諸表をどのように連結財務諸表へ取り込んでくるかという点について解説してきました。このとき，情報を収集し，換算して，連結仕訳を計上するという一連の流れの中で，在外子会社とのコミュニケーションが非常に重要になってきます。

　連結パッケージのチェックや連結決算における必要な取引の前提となる情報の追加的な収集，さらに連結仕訳を計上する中で生じた疑問点の照会だけでなく，連結決算に先立つ事前の調整など，在外子会社の経理担当者とコミュニケーションする事項は非常に多くなります。しかしながら，在外子会社とのコミュニケーションは，国内子会社との連携と異なり，言語や時差の問題などにも留意する必要があります。必要なときに必要な情報が適時に入手できるよう，実際に連結決算を行うタイミングだけではなく，日ごろのコミュニケーションが重要となります。

②　在外子会社所在地国との諸制度の違い

　会計処理に影響する諸制度，例えば，税金計算や税効果会計に影響する税制や，退職給付会計に影響する年金制度，さまざまなところに影響を及ぼす会社法制など，日本と他の国で異なっているケースも多くあります。正しい会計処理，適切な開示を行うために，必要最低限の制度に関しては，経理部門で情報を収集し，また，適切にアップデートしていく必要があります。

⑺　連結精算表作成のための補助資料

　在外子会社から収集する情報は，その通貨が円貨か外貨かという違いだけで，基本的に国内子会社のケースと違いはありません。

　換算に必要なレート（各期の決算日レート，期中平均レート）は，親会社側で収集し，また，将来にわたって必要となってくるため，適切に情報を繰り越していく必要があります。

3 決算日および期ズレ全般

(1) 連結決算日と子会社の決算日（持分法を含む。）

　連結財務諸表は，親会社の決算日を「連結決算日」として作成されます（連結会計基準15項）。そして，連結財務諸表の場合には，親会社以外に連結子会社や持分法適用会社が存在することから，これらの決算日の関係が会計上は論点となってきます。

① 決算期に係る経営上の視点

　会計上の論点を検討する前に，そもそものより望ましい決算日の取扱いを考えてみましょう。例えば，親会社が3月決算，子会社が12月決算である状況を想定します。後述するように，3か月以内の決算期ズレについては，基本的に当該子会社の決算をそのまま取り込めるとする定めがありますが，これを連結決算日である3月31日に決算期変更したケース，または3月31日に毎期いわゆる仮決算を行うケースとして想定します。その場合のメリット，デメリットを図表Ⅰ－6－16にまとめています。

図表Ⅰ－6－16	決算期変更，仮決算のメリット，デメリット
メリット	デメリット
● 直近までの子会社の経営状態を決算に反映することで，財務報告の精度，透明性が向上する ● 外部報告だけでなく，内部管理用としても，意思決定に有用な情報を適時に入手できる	● 子会社の決算を従前よりも早く締める必要がある ● 重要な子会社で監査法人の監査等が求められる場合に，監査スケジュールがタイトになる ● 税務申告を複数回行わなければならない可能性がある（決算期変更の場合）

　当該子会社が重要であればあるほど，メリット，デメリット双方の重みは増してきます。すなわち，連結決算に占める当該子会社の相対的な割合が高い場合，連結決算日までの数値を取り込んだほうが望ましいと考えられる一方，そのような重要性が高い子会社の決算を早期に締めることには，相当の困難を伴う可能性があります。子会社，親会社の経理人員や管理体制という視点もあり

ますが，さらには財務報告，経営管理という観点も織り込んで，子会社の決算日については検討していくことが有用といえるでしょう。

②　子会社の決算日と連結決算

　子会社の決算日と連結決算の関係については，その概要を前記「第1章4(2)連結決算日と子会社の決算日」に記載していますのでご確認ください。ここでは，まとめの図表を図表Ⅰ－6－17として再掲しておきます。

図表Ⅰ－6－17		連結決算日と子会社の決算日との関係	
親子会社間の決算日の相違		原　則	例　外
決算日が同じ		子会社決算を利用	
決算日が相違	3か月以内	連結決算日に仮決算	子会社決算を利用
	3か月超		3か月以内に仮決算

　また，連結子会社の決算日が親会社と異なる場合の連結手続上の対応に関して，図表Ⅰ－6－18にまとめています。

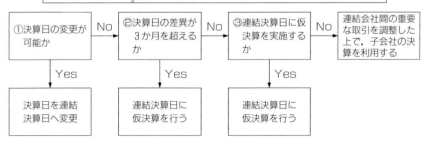

図表Ⅰ－6－18　連結子会社の決算日が親会社と異なる場合の対応

（出典）「連結財務諸表の会計実務（第2版）」新日本有限責任監査法人編（中央経済社）80頁の図表
　　　　Ⅱ－2－2－1を一部修正

(2)　期ズレの会社の修正の基本的な考え方

　ここでは，親会社が3月決算，子会社が12月決算と仮定して，当該子会社の12月決算を基本的には取り込む方針で連結財務諸表を作成している前提で，期ズレの修正の考え方を確認していきます。

　まず，上記のとおり，子会社の12月決算を基本的に取り込む方針であれば，当該子会社の決算（期ズレ決算）を連結決算上は原則としてそのまま用いることになります。ただし，その際に，期ズレ期間（本例では1月1日〜3月31日の間）に生じた「連結会社との間の」取引に関しては，適切に調整を行う必要があります（連結会計基準（注4））。すなわち，債権債務を例に取ると，12月決算の子会社の決算数値をそのまま取り込んだ場合，親会社との債権債務の金額には相違が生じることになってしまいます。このため，期ズレ決算をそのまま取り込むことを容認するとしても，連結修正仕訳における差異の発生を回避する目的で，連結会社間取引については修正することとされています。具体的な調整方法については，後記「(4)　取引高および債権と債務の相殺消去における期ズレの処理（未実現損益も含む。）」をご参照ください。

⑶　資本連結における期ズレの処理（みなし取得日との関係）

　まず，ここでは，期ズレ決算の会社を買収して子会社とした場合の連結財務諸表への取込みについて解説します。

　例えば，親会社（連結財務諸表を作成する会社）が3月決算であるとして，同社が12月決算の会社を買収して子会社とした例を想定します。このとき，買収日は5月末日であるものとします。連結決算への取込みの原則は，12月決算の子会社であっても，親会社の決算日である3月末日にいわゆる仮決算を行う方法ですが，ここでは，子会社の決算日である12月末日の決算を生かして，連結会社間取引を調整した上で，期ズレ決算のまま取り込むことを予定しているものとします。

　また，子会社の決算日（ここでは四半期決算を含む3月末，6月末，9月末，12月末）以外の日に親会社が株式を取得した場合の特例が設けられています。今回のケースでは，5月末が株式の取得日であるため，子会社の決算日以外の日に取得していることになりますが，原則はあくまで5月末に支配を獲得したものとして投資と資本の相殺消去を行います（連結会計基準20項）。ただし，特例としていずれか前後の決算日（四半期決算日を含みます。）である3月末または6月末を「みなし」取得日として，当該日付をもって連結処理できることとされています（連結会計基準（注5））。

　ここでは，子会社に対する支配を獲得した日を連結決算上どのように取り扱

うか，考えられる 3 つのパターンに分けて整理していきます。なお，のれんの償却は損益の取込期間と一致することになります。

①　原則どおり 5 月末日に支配を獲得したとして処理する場合

　まず，原則どおり，実際の支配獲得日である 5 月末日に支配を獲得したものとして投資と資本の相殺消去を行うケースの取扱いを確認します。

- 親会社の 6 月第 1 四半期決算：子会社の 5 月末日（支配獲得日）の貸借対照表を用いて投資と資本の相殺消去を行って，損益計算書は連結しない。
- 親会社の 9 月第 2 四半期決算：子会社の 6 月末日（同社第 2 四半期末）の貸借対照表を連結するとともに，6 月 1 日〜6 月末日の損益計算書を連結する。

---

②　3 月末日をみなし取得日として処理する場合

　次に，子会社のいずれか前後の決算日に支配を獲得したものとして処理することができるとする「みなし取得日」の定めのうち，前側の決算日である 3 月末日に支配を獲得したものとみなして，投資と資本の相殺消去を行うケースの取扱いを確認します。

- 親会社の 6 月第 1 四半期決算：子会社の 3 月末日（みなし取得日）の貸借対照表を用いて投資と資本の相殺消去を行って，損益計算書は連結しない。
- 親会社の 9 月第 2 四半期決算：子会社の 6 月末日（同社第 2 四半期末）の貸借対照表を連結するとともに，4 月 1 日〜6 月末日の損益計算書を連結する。

---

③　6 月末日をみなし取得日として処理する場合

　最後に，子会社のいずれか前後の決算日に支配を獲得したものとして処理することができるとする「みなし取得日」の定めのうち，後側の決算日である 6 月末日に支配を獲得したものとみなして，投資と資本の相殺消去を行うケースの取扱いを確認します。この場合，親会社の第 2 四半期決算においても，子会社の第 2 四半期決算日とみなし取得日が同じであるため，再度貸借対照表のみが連結される点が特徴的です（資本連結実務指針62-2 項）。

- 親会社の 6 月第 1 四半期決算：子会社の 6 月末日（みなし取得日）の貸借対照

表を用いて投資と資本の相殺消去を行って，損益計算書は連結しない。
- 親会社の9月第2四半期決算：第1四半期決算と同じく，子会社の6月末日（同社第2四半期末であり，みなし取得日でもある）の貸借対照表を連結するとともに，損益計算書は連結しない。

⑷　取引高および債権と債務の相殺消去における期ズレの処理（未実現損益も含む。）

本項では，期ズレ期間の取引の調整の具体的な会計処理について，親子会社間の売上取引を例に，連結修正仕訳を解説していきます。

詳細な定めは会計基準には設けられていませんが，期ズレ期間に行われた取引について，親会社の決算には反映されているものの，期ズレ決算である子会社の個別決算には含まれていないため，これらを個別修正仕訳として反映することになります。

親会社から子会社への売上取引が内部取引であるとすると，具体的には以下の個別修正仕訳が計上されることになります。

- 子会社での仕入高の調整
- 子会社での在庫残高の調整
- 仕入債務の決済に係る調整
- 上記に対応する税効果

また，調整後の在庫残高を基礎として，未実現利益の調整を行う点に留意が必要です。

なお，調整に際しては，当期期ズレ期間の調整とともに，前期に行った調整の振戻しも行われる必要があります。

それでは，具体的な会計処理について，パターンⅠ－6－11で解説していきますが，ここでは単純化のために税効果は考慮していません。

| パターンⅠ－6－11 | 期ズレ子会社との取引の調整 |

[前提条件]

①　親会社P社は，連結子会社A社（持分比率100%）を有しているものとします。

② 親会社 P 社は，外部から仕入れた商品に一定のマージンを付加して子会社へ販売し，当該商品を子会社が外部へ販売しています。

③ 親会社 P 社は 3 月決算，子会社 A 社は12月決算であり，連結財務諸表上，連結会社間取引を調整した上で，子会社の正規の決算を使用しています。

④ 未実現利益を消去する際に用いる利益率は10％とします。

⑤ その他の勘定科目や前提条件は考慮しません。

[取引関係図]

【X3年 3 月期】

[連結会社間取引の状況]

	売上高	P 社売掛金 （A 社買掛金）	A 社在庫に含まれる P 社から仕入れた商品
X1年12月末	—	15,000	10,000
X2年 1 月～ 3 月	50,000	—	—
X2年 3 月末	—	20,000	15,000
X2年 4 月～12月	160,000	—	—
X2年12月末	—	24,000	18,000
X3年 1 月～ 3 月	45,000	—	—
X3年 3 月末	—	14,000	12,000

[X3年 3 月期の連結仕訳]

＜個別修正仕訳（当期 X3年 1 月～ 3 月の仕入高の調整）＞

（借）　売上原価(仕入高)　(※1)45,000　（貸）　買　掛　金　(※1)45,000

（※1）　45,000……[連結会社間取引の状況] の X3年 1 月～ 3 月の売上高

＜個別修正仕訳（当期分の在庫の調整）＞

（借）　商　　　　　品　(※2)12,000　（貸）　売　上　原　価　(※2)12,000 　　　　　　　　　　　　　　　　　　　　　　　（期末商品棚卸高）

(借)　売　上　原　価	(※3)18,000	(貸)　商　　　　品	(※3)18,000
（期末商品棚卸高）			

(※2)　12,000……［連結会社間取引の状況］の X3年 3 月末の A 社在庫に含まれる P 社か
　　　　　ら仕入れた商品

(※3)　18,000……［連結会社間取引の状況］の X2年12月末の A 社在庫に含まれる P 社か
　　　　　ら仕入れた商品（A 社個別財務諸表の決算整理仕訳の振戻し）

<個別修正仕訳（買掛金の決済の調整）>

(借)　買　　掛　　金	(※4)55,000	(貸)　現　金　預　金	(※4)55,000

(※4)　55,000＝45,000（(※1)参照）＋24,000（［連結会社間取引の状況］の X2年12月末の
　　　　　A 社買掛金）－14,000（［連結会社間取引の状況］の X3年 3 月末の A 社買掛金）

　A 社個別財務諸表上の買掛金の残高をあるべき金額に調整するため，1 月～3 月の決済分を調整します。相手勘定は，一般的に現金預金とすることが考えられますが，グループ内ファイナンスを用いている場合などでは，当該勘定で調整する必要があります。

<個別修正仕訳（前期仕訳の振戻し）>

(借)　利益剰余金期首残高	(※5)50,000	(貸)　売上原価(仕入高)	(※5)50,000

(借)　売　上　原　価	(※6)15,000	(貸)　利益剰余金期首残高	(※6)15,000
（期首商品棚卸高）			

(借)　利益剰余金期首残高	(※7)10,000	(貸)　売　上　原　価	(※7)10,000
		（期首商品棚卸高）	

(※5)　50,000……［連結会社間取引の状況］の X2年 1 月～3 月の売上高

(※6)　15,000……［連結会社間取引の状況］の X2年 3 月末の A 社在庫に含まれる P 社か
　　　　　ら仕入れた商品

(※7)　10,000……［連結会社間取引の状況］の X1年12月末の A 社在庫に含まれる P 社か
　　　　　ら仕入れた商品（A 社個別財務諸表の決算整理仕訳の振戻し）

　当期分の調整のほか，前期分の調整を忘れずに行う必要があります。前期，売上原価を調整した仕訳（科目）は利益剰余金期首残高を調整して，その相手勘定はそれぞれの売上原価項目とすることになります。

<連結修正仕訳（取引高ならびに債権および債務の相殺消去）>

(借)　買掛金（A 社）	(※8)14,000	(貸)　売掛金（P 社）	(※8)14,000

(借)　売上高（P 社）	(※9)205,000	(貸)　売上原価(仕入高)	(※9)205,000
		（A　　　社）	

(※8)　14,000……［連結会社間取引の状況］の X3年 3 月末の A 社買掛金

（※9）　205,000＝160,000（［連結会社間取引の状況］のX2年4月～12月の売上高）＋
　　　　45,000（［連結会社間取引の状況］のX3年1月～3月の売上高）

　個別修正仕訳でA社個別財務諸表に1月～3月の取引を反映した後は，P社とA
社の間の取引高や債権および債務の相殺消去を行います。

＜連結修正仕訳（未実現損益の消去）＞

| （借）　売　上　原　価 | （※10）1,200 | （貸）　商　　　　　品 | （※10）1,200 |
| （期末商品棚卸高） | | | |

| （借）　利益剰余金期首残高 | （※11）1,500 | （貸）　売　上　原　価 | （※11）1,500 |
| | | （期首商品棚卸高） | |

（※10）　1,200＝12,000（［連結会社間取引の状況］のX3年3月末のA社在庫に含まれるP
　　　　社から仕入れた商品）×利益率10％
（※11）　1,500＝15,000（［連結会社間取引の状況］のX2年3月末のA社在庫に含まれるP
　　　　社から仕入れた商品）×利益率10％

⑸　海外の会社の処理全般

　期ズレとなっている子会社が海外に所在するいわゆる在外子会社であったと
しても，基本的に前記「⑷　取引高および債権と債務の相殺消去における期ズ
レの処理（未実現損益も含む。）」までで説明した事項について，特に変わりは
ありません。

　在外子会社の場合には，親会社が3月決算であったとして，海外法人の一般
的な取扱いに従い，12月決算となっているケースが多いと考えられます。また，
在外子会社の場合には，他の国内子会社と同じタイミングで決算を確定させて
連結パッケージを提出することが実務的に難しいケースもあり，期ズレ決算を
取り込むものとしていることが多いように思われます。

　在外子会社の場合，連結手続に際して換算というステップが入りますが（前
記「2⑴②　在外子会社の外貨建財務諸表の換算」参照），期ズレであっても，
換算の基本的な考え方は変わりません。期ズレの期間における連結会社間取引
は，貸借対照表項目については決算日レートで，一方で損益計算書項目は親会
社が換算に用いたレートで換算されることになりますが，その結果，期ズレ取
引を調整しているのであれば，換算による差額は生じないことになります。

　なお，重要性がない連結会社間取引について調整を行わなかった結果，債権

債務の残高や取引高に差異が生じる可能性がありますが，その場合，換算により生じる差額についても，残高から生じる差異に含めて，適切に処理する必要があります。

⑹　設例による連結精算表の作り方

　ここでは，期ズレ子会社との間の取引の調整および調整後の財務諸表を基礎とした連結修正仕訳を例に，連結精算表の作り方を解説していきます。

　なお，前提条件はパターン I － 6 －11と同様となっています。

| 設例 I － 6 － 4 | 期ズレ子会社との取引の調整 |

[前提条件]
① 　親会社 P 社は，連結子会社 A 社（持分比率100%）を有しているものとします。
② 　親会社 P 社は，外部から仕入れた商品に一定のマージンを付加して子会社へ販売し，当該商品を子会社が外部へ販売しています。
③ 　親会社 P 社は 3 月決算，子会社 A 社は12月決算であり，連結財務諸表上，連結会社間取引を調整した上で，子会社の正規の決算を使用しています。
④ 　未実現利益を消去する際に用いる利益率は10%とします。
⑤ 　連結精算表の各社の数字は所与とします。
⑥ 　その他の勘定科目や前提条件は考慮しません。

[連結会社間取引の状況]

	売上高	P 社売掛金 （A 社買掛金）	A 社在庫に含まれる P 社から仕入れた商品
X1年12月末	－	15,000	10,000
X2年 1 月〜 3 月	50,000	－	－
X2年 3 月末	－	20,000	15,000
X2年 4 月〜12月	160,000	－	－
X2年12月末	－	24,000	18,000
X3年 1 月〜 3 月	45,000	－	－
X3年 3 月末	－	14,000	12,000

[X3年 3 月期の連結精算表]
　214〜215頁に掲載しています。

[設例Ⅰ－6－4の連結精算表]

項目	精算表勘定科目	親会社 P社	子会社 A社	単純合算表	個別修正仕訳 開始仕訳(個別調整)	期ズレ調整仕訳 未達取引	個別修正仕訳合計
連結B/S	現金預金	400,000	150,000	550,000		(※4) △55,000	△55,000
	売掛金	250,000	85,000	335,000		<※C>	0
	商品及び製品	180,000	90,000	270,000		(※2) △6,000	△6,000
	買掛金	320,000	96,000	416,000		(※1) △10,000	△10,000
連結P/L	売上高	2,500,000	800,000	3,300,000		<※A>	0
	売上原価	1,850,000	650,000	2,500,000	(※5)△45,000	(※3) 51,000 <※B>	6,000
連結S/E	利益剰余金期首残高	2,500,000	800,000	3,300,000	(※5)△45,000 <※D>		△45,000

期ズレ調整仕訳の
項目を使用

(※1) △10,000=45,000([連結会社間取引の状況]のX3年1月～3月の売上高)-55,000((※4)参照)

(※2) △6,000=12,000([連結会社間取引の状況]のX3年3月末のA社在庫に含まれるP社から仕入れた商品)-18,000([連結会社間取引の状況]のX2年12月末のA社在庫に含まれるP社から仕入れた商品(A社個別財務諸表の決算整理仕訳の振戻し)

(※3) 51,000=45,000([連結会社間取引の状況]のX3年1月～3月の売上高)-△6,000((※2)参照)

(※4) 55,000=45,000([連結会社間取引の状況]のX3年1月～3月の売上高)+24,000([連結会社間取引の状況]のX2年12月末のA社買掛金)-14,000([連結会社間取引の状況]のX3年3月末のA社買掛金)

(※5) 45,000=50,000([連結会社間取引の状況]のX2年1月～3月の売上高)-15,000([連結会社間取引の状況]のX2年3月末のA社在庫に含まれるP社から仕入れた商品)+10,000([連結会社間取引の状況]のX1年12月末のA社在庫に含まれるP社から仕入れた商品(A社個別財務諸表の決算整理仕訳の振戻し))

(※6) 14,000……[連結会社間取引の状況]のX3年3月末のA社買掛金

(※7) 205,000=160,000([連結会社間取引の状況]のX2年4月～12月の売上高)+45,000([連結会社間取引の状況]のX3年1月～3月の売上高)

(※8) 1,200=12,000([連結会社間取引の状況]のX3年3月末のA社在庫に含まれるP社から仕入れた商品)×利益率10%

(※9) 1,500=15,000([連結会社間取引の状況]のX2年3月末のA社在庫に含まれるP社から仕入れた商品)×利益率10%

個別修正仕訳後合算表	連結修正仕訳				連結修正仕訳合計	連結精算表合計
	債権債務・取引高，未実現関係					
	開始仕訳（未実現等）	債権債務相殺消去	取引高相殺消去	未実現損益調整		
495,000					0	495,000
335,000		(※6) △14,000			△14,000	321,000
264,000				(※8) △1,200	△1,200	262,800
406,000		(※6) △14,000 <※E>			△14,000	392,000
3,300,000			(※7) △205,000		△205,000	3,095,000
2,506,000	(※9) △1,500		(※7) △205,000 <※F>	(※8) 1,200 <※G>	△205,300	2,300,700
3,255,000	(※9) △1,500 <※H>				△1,500	3,253,500

開始仕訳の項目を使用（前期のため）　債権債務相殺の項目を使用　取引高相殺の項目を使用　未実現損益調整の項目を使用

［X3年3月期の連結精算表上の調整内容］

1. 全般事項

期ズレ期間の調整をまず個別修正仕訳として反映した後，親子会社間の債権債務，取引高，未実現利益を消去します。

2. 個別事項

<＊A＞……個別修正仕訳（当期期ズレ期間の仕入高の調整）
<＊B＞……個別修正仕訳（当期分の在庫の調整。該当の取引の12月末在庫を戻し，3月末の在庫を計上）
<＊C＞……個別修正仕訳（当期期ズレ期間の買掛金の決済の調整）
<＊D＞……開始仕訳（前期期ズレ期間の仕入高の調整および在庫の調整の振戻し）
<＊E＞……債権および債務の相殺消去仕訳
<＊F＞……取引高（売上および仕入高）の相殺消去仕訳
<＊G＞……未実現利益の消去仕訳
<＊H＞……開始仕訳（前期未実現利益の消去仕訳の振戻し）

［X3年3月期の連結仕訳］

<個別修正仕訳（当期 X3年1月～3月の仕入高の調整)＞

（借） 売上原価(仕入高)	＜＊A＞45,000	（貸） 買　掛　金	＜＊A＞45,000

<個別修正仕訳（当期分の在庫の調整)＞

（借） 商　　　品	＜＊B＞12,000	（貸） 売　上　原　価 (期末商品棚卸高)	＜＊B＞12,000

（借） 売　上　原　価 (期末商品棚卸高)	＜＊B＞18,000	（貸） 商　　　品	＜＊B＞18,000

<個別修正仕訳（買掛金の決済の調整)＞

（借） 買　掛　金	＜＊C＞55,000	（貸） 現　金　預　金	＜＊C＞55,000

<個別修正仕訳（前期仕訳の振戻し)＞

（借） 利益剰余金期首残高	＜＊D＞50,000	（貸） 売上原価(仕入高)	＜＊D＞50,000

（借） 売　上　原　価 (期首商品棚卸高)	＜＊D＞15,000	（貸） 利益剰余金期首残高	＜＊D＞15,000

（借） 利益剰余金期首残高	＜＊D＞10,000	（貸） 売　上　原　価 (期首商品棚卸高)	＜＊D＞10,000

＜連結修正仕訳（取引高ならびに債権および債務の相殺消去）＞

（借）　買掛金（Ａ社）　　＜＊E＞14,000	（貸）　売掛金（Ｐ社）　　＜＊E＞14,000
（借）　売上高（Ｐ社）　　＜＊F＞205,000	（貸）　売上原価(仕入高)　＜＊F＞205,000 （Ａ　　　社）

＜連結修正仕訳（未実現損益の消去）＞

（借）　売　上　原　価　　＜＊G＞1,200 （期末商品棚卸高）	（貸）　商　　　　　品　　＜＊G＞1,200
（借）　利益剰余金期首残高　＜＊H＞1,500	（貸）　売　上　原　価　　＜＊H＞1,500 （期首商品棚卸高）

⑺　実務上の留意事項等

　期ズレ決算を基本的にそのまま取り込む場合，連結会社間の取引は調整が必要ですが，他方，連結会社以外との取引については調整が認められていない点に留意する必要があります。

　例えば，親会社が3月決算，子会社が12月決算であるとして，子会社の12月決算をそのまま取り込む方針を採用している場合に，子会社が2月に多額の固定資産売却益を計上したものとします。経営成績に重要な影響を及ぼすものであったとしても，固定資産売却益が連結会社以外の会社との取引で生じたものである以上，その調整は行われず，重要な後発事象（開示後発事象）として注記の対象とされますので，ご確認ください。ただし，当該売却取引から重要な売却損が計上されるようなケースでは，いわゆる修正後発事象として，子会社の期末日時点で減損損失が生じていないか，慎重に検討する必要があります。

⑻　連結精算表作成のための補助資料

　期ズレ期間の連結会社間取引は適切に調整される必要がありますが，当該情報をどのように入手するか，という問題があります。親会社が3月決算，子会社が12月決算であり，1月～3月の連結会社間取引を調整する場合，親会社側の1月～3月の取引を正として調整を行うとする考え方があります。しかしな

がら，本来的には親会社における取引高，債権債務の明細と，子会社における取引高，債権債務の明細を照合して，未達取引やその他の計上漏れなどを識別する観点からは，子会社側で1月～3月の取引明細を集計して，親会社に報告することが考えられます。12月決算の子会社の連結パッケージの締め切りは3月中に設定されているケースもあるかもしれませんが，この場合は，3月の月次決算（四半期決算）が締まってすぐに，関係会社間取引，債権債務残高を集計して，親会社へ報告します。

第7章

税効果会計

1 税効果会計の概要

(1) 税効果会計の基礎

① 税効果会計の意義

　税効果会計とは，企業会計上の資産または負債の額と課税所得計算上の資産または負債の額に相違がある場合において，法人税その他利益に関連する金額を課税標準とする税金（以下「法人税等」といいます。）の額を適切に期間配分することにより，法人税等を控除する前の当期純利益と法人税等を合理的に対応させることを目的とする手続である，とされています（税効果会計基準第一，税効果適用指針6項）。

　法人税等は，会計上，税務上の課税所得の源泉となる取引または事象が発生した期に認識すべき費用です。このため，当期の法人税等として納付すべき額が費用として計上されることになりますが，会計上の利益と税務上の課税所得が相違することにより，会計上の利益と法人税等が対応しない場合が存在します。このような場合に会計上の利益と法人税等の対応を図るために適用されるのが税効果会計という会計処理です（図表Ⅰ－7－1参照）。

　この税効果会計は，個別財務諸表だけでなく，連結財務諸表においても適用されます。

② 一時差異の種類

　税効果会計は，税務上の申告調整により生じる「一時差異」と呼ばれる項目に対して適用されます（税効果会計基準第二　一　1）。ただし，申告調整により

図表Ⅰ－7－1	税効果会計の基本的なメカニズム

前提条件：法定実効税率は30%とする。

【税効果会計を適用しない場合】

	X1期	X2期
税引前当期純利益	10,000	10,000
税務上の課税所得(※1)	12,000	8,000
法人税，住民税及び事業税	3,600	2,400
法人税等調整額	－	－
当期純利益	6,400	7,600
実効税率	36%	24%

(※1) 税務上の申告調整により，X1期に＋2,000（課税所得の増加），X2
期に△2,000が生じたものとする。

【税効果会計を適用する場合】

	X1期	X2期
税引前当期純利益	10,000	10,000
税務上の課税所得(※2)	12,000	8,000
法人税，住民税及び事業税	3,600	2,400
法人税等調整額(※3)	△600	600
当期純利益	7,000	7,000
実効税率	30%	30%

(※2) 税効果会計を適用しない場合と同様の前提とする。
(※3) 申告調整により生じた将来減算一時差異2,000に対して，X1期に
繰延税金資産600（＝2,000×法定実効税率30%）が計上されたもの
とする。

会計上の利益と税務上の課税所得との間に生じる差異のすべてがこの一時差異
に該当するのではなく，将来において当該差異が解消するときに課税所得を増
減させるものが一時差異となり，税効果会計の対象となります（図表Ⅰ－7－
2参照）。

　そして，この一時差異は，将来の課税所得を増加させるのか，減少させるの
かにより，さらに2つに分けられます(税効果会計基準第二 一 3)（図表Ⅰ－
7－3参照)。

　これら一時差異のうち，わが国の実務において生じるもののほとんどが将来
減算一時差異となります。すなわち，当期の申告調整によって加算されること

図表Ⅰ－7－2 一時差異と永久差異

種　別	税効果会計の対象	内容と例示
一時差異	なる	将来において課税所得を増減させる項目（例：退職給付引当金，減価償却超過額，税務上は認められない減損損失など）
永久差異	ならない	申告調整項目のうち，将来の課税所得に影響しない項目（例：交際費，罰科金等の損金不算入額，受取配当金の益金不算入額など）

図表Ⅰ－7－3 一時差異の種類

種　別	内　容
将来減算一時差異	将来において課税所得を減少させる一時差異
将来加算一時差異	将来において課税所得を増加させる一時差異

で課税所得を増加させ（すなわち納税額が増加し），将来的に当該一時差異が解消するときに課税所得を減少させるような項目がこれに当たり，具体的には，退職給付引当金，減価償却超過額（税務上の償却限度額を超えて計上された会計上の減価償却費），減損損失や投資有価証券評価損（税務上認められないもの），賞与引当金（未払賞与），未払事業税などが挙げられます。この将来減算一時差異については，一定の要件を満たしたときに，繰延税金資産が計上され，費用が減額されます。

　他方，将来減算一時差異に比して生じるケースは少ないですが，当期の申告調整によって減算されることで課税所得を減少させ（すなわち納税額が減少し），将来的に当該一時差異が解消するときに課税所得を増加させるような項目が将来加算一時差異です。具体的には，圧縮積立金や特別償却準備金等の積立金，準備金，および資産除去債務の見合いで計上される除去費用の資産計上額などが該当します。これらの将来加算一時差異に対しては，原則として繰延税金負債が計上されます。

③　繰延税金資産の回収可能性の判断

　将来加算一時差異に対しては，基本的に繰延税金負債が計上される定めとなっている一方（税効果適用指針8項(2)），将来減算一時差異に対しては，「繰延税金資産の回収可能性」の検討という重要なステップを踏んだ上で，その回

図表Ⅰ－7－4	企業の分類に応じた繰延税金資産の回収可能性

分類	回収可能性の判断
分類1	原則としてすべての将来減算一時差異について繰延税金資産を計上
分類2	スケジューリングされた^(※)将来減算一時差異について繰延税金資産を計上
分類3	原則として5年間のスケジューリングに基づき，課税所得と比較して回収可能と認められた将来減算一時差異について繰延税金資産を計上
分類4	翌期において回収可能と認められた将来減算一時差異についてのみ繰延税金資産を計上
分類5	繰延税金資産は計上されない

（※）　将来の解消期間を合理的に見込むことができている，という意味合いとなる。

収可能性が認められたケースに限って，繰延税金資産が計上されます（税効果会計基準第二　二　1後段，税効果適用指針8項(1)，(3)）。

　将来減算一時差異は，当該一時差異が解消されるときに将来の課税所得を減少させる効果があるものですが，実際に一時差異が解消される期において課税所得が生じなければ課税所得の減少効果はありません。この点より，将来の課税所得の発生可能性の見積りが重要とされており，このステップが繰延税金資産の回収可能性の検討と呼ばれるものです。なお，将来の課税所得以外にも，将来加算一時差異やタックス・プランニングを源泉とする将来減算一時差異に係る繰延税金資産の回収も想定されますが，その相対的重要性より，ここでは解説は割愛します。

　課税所得に基づく繰延税金資産の回収可能性について，具体的には，回収可能性適用指針の定めに沿って，課税所得の発生可能性のレベルに応じて企業を（分類1）から（分類5）のそれぞれに分類した上で，各々の分類に応じたルールに基づいて，繰延税金資産を計上することとされています（回収可能性適用指針15項）（図表Ⅰ－7－4参照）。

　なお，繰延税金資産の計上の対象としては，将来の課税所得を減少させるという性質より，税務上の繰越欠損金や税額控除の繰越額が含まれます（税効果会計基準第二　一　4，税効果適用指針4項(3)なお書き）。

④　適用税率

　税効果会計の適用に際して，すなわち，繰延税金資産および繰延税金負債の計上額の算定においては，期末時点の一時差異の額に当該一時差異が解消され

ると見込まれる期のそれぞれの税率を乗じることになります（税効果会計基準第二　二　2）。このため，将来において税率が変更されることがすでに決まっているケースなどでは，どの期において一時差異が解消されると見込まれるかが，その計上額に重要な影響を及ぼすこともあります。

⑵　連結税効果の基本的な考え方

　ここでは，前記「(1)　税効果会計の基礎」で示した税効果会計の基本的な取扱いを踏まえて，連結財務諸表における税効果会計（以下「連結税効果」といいます。）の基本的な考え方を整理していきます。

①　連結固有の一時差異の概要

　連結財務諸表は，親会社および子会社の個別財務諸表を合算し，その上で，まず個別財務諸表の修正を行い，連結修正仕訳を反映して作成されます。

　各社の個別財務諸表において税効果会計が適切に適用されている前提で，それらはまず合算されます。そして，個別財務諸表の修正に際して，新たに一時差異が生じる場合，または既存の一時差異が解消される場合には，税効果会計の影響を反映する必要があります。ただし，当該税効果会計は，あくまで個別財務諸表上の税効果会計の修正，という建付けになります。

　すなわち，連結税効果は，連結修正仕訳の計上に伴い生じた，または解消した一時差異に対応して，必要に応じて計上される税効果項目を指すことになります。

②　連結固有の一時差異の項目別の解説

　税効果会計基準第二　一　2(2)において，連結財務諸表固有の一時差異として，以下のものが例示されています。

- 資本連結に際し，子会社の資産および負債の時価評価により評価差額が生じた場合（詳細については，後記の「2(1)　評価差額の税効果に係る連結仕訳」参照のこと）
- 連結会社相互間の取引から生ずる未実現損益を消去した場合（詳細については，後記の「2(2)　未実現損益に係る連結仕訳」参照のこと）
- 連結会社相互間の債権と債務の相殺消去により貸倒引当金を減額修正した場合

(i)　子会社の資産および負債の時価評価による評価差額

　まず，子会社の資産および負債の時価評価による評価差額ですが，子会社を買収することで，連結財務諸表作成に際して，買収時（支配獲得時）の時価で資産等を評価し直すこととされています。このとき，連結上の簿価は時価となりますが，税務上の簿価は従前のままであるため，評価替えされた金額が一時差異となって，税効果会計の適用対象となります。

(ii)　未実現損益の消去

　次に，連結会社相互間の取引から生ずる未実現損益の税効果も非常に重要な項目です。例えば，土地を連結会社間で売買した場合，売却元の簿価と取引価格（時価）との差額が売却損益となりますが，当該売却損益は，連結財務諸表上は外部取引により実現したものではないため，原則として取り消されることになります。このとき，売却先での税務上の簿価は取引価格となりますが[1]，未実現損益の消去によって連結上の簿価は売却元の元々の簿価に修正されるため，消去された未実現損益相当額が一時差異となり，税効果会計の適用対象となります。

(iii)　貸倒引当金の消去

　貸倒引当金といっても，売掛金などの営業債権に関するものは，計上していたとしても重要性がないケースが考えられ，ここでは，業績不振子会社に対する貸付金を想定することがよいと考えられます。

　具体的には，例えば債務超過の子会社に対して，資金繰りの援助の目的などで親会社が貸付けを行ったとします。当該貸付金に対して貸倒引当金を全額計上しているようなケースでは，貸付金が債権債務の相殺で消去されることに伴い，対応する債権が連結財務諸表上でなくなるため，貸倒引当金も原則として消去されます。このような貸倒引当金は，税務上では損金算入が認められていないケースが多いと思われ，まず，個別財務諸表で将来減算一時差異となっています。そして，連結修正仕訳により貸倒引当金が消去されることによって，

1　税務上，現行の連結納税制度が適用される場合，または100％支配関係がある国内法人間で適用されるグループ法人税制が適用される場合では，会計上の未実現損益が消去されるように，税務上も課税が繰り延べられることがありますが，ここでは当該制度の適用がないものと仮定した記載としています。

個別財務諸表上の一時差異が解消する，ということになります。子会社の清算，売却が予定されていることなどによって繰延税金資産が個別財務諸表で計上されていれば当該繰延税金資産は取り消され，他方，個別財務諸表で繰延税金資産が計上されていなければ，単に将来減算一時差異が取り消されるのみで，会計処理は行われない，ということになります。

(iv) 子会社の投資に係る一時差異

最後に，税効果会計基準に例示されている項目ではありませんが，金額的に重要となるケースもある項目をご紹介しておきます。それが，子会社の投資に係る一時差異です。

簡単なイメージを図表Ⅰ－7－5にまとめています。連結財務諸表に含まれる子会社は，その営業活動で利益を計上し，未配当のものなどが利益剰余金として留保されることになります。そして，この利益剰余金（留保利益）は，通常の親会社の投資の回収活動の中で配当によって回収されることになりますが，配当の際に配当を受け取った親会社で課税されたり，配当時に子会社で源泉税を支払ったりするケースがあります。このとき，連結財務諸表上に計上されている留保利益は将来の課税所得を増額する効果があるものとされ，将来加算一時差異の定義を満たすとされています（税効果適用指針4項(5)②，23項，24項）。そして，当該将来加算一時差異については，一定の要件を満たすことなどによって，繰延税金負債が計上されます（税効果適用指針23項，24項）。この会

図表Ⅰ－7－5　留保利益の税効果のイメージ

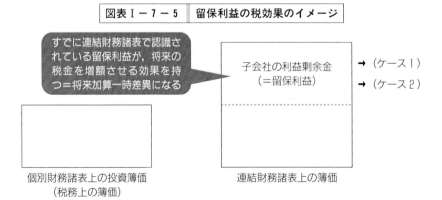

（ケース1）　剰余金（留保利益）を配当したときに，親会社で受取配当金に課税される
（ケース2）　株式を売却したときに留保利益相当が売却益として課税される

項　目	将来加算一時差異	将来減算一時差異
評価差額	評価益（資産の増額または負債の減額）	評価損（資産の減額または負債の増額）
未実現損益	未実現損失	未実現利益
貸倒引当金(※)	個別財務諸表における将来減算一時差異の減額	該当なし
留保利益または繰越損失	留保利益	繰越損失

図表Ⅰ－7－6　連結固有の一時差異の項目（まとめ）

（※）　税務上は損金算入が認められていないことを前提としている。

計処理を「留保利益の税効果」などと呼びます。

　詳細は，後記「2(3)　留保利益の税効果」をご参照ください。

　以上の項目を，将来減算一時差異と将来加算一時差異に分けて図表Ⅰ－7－6にまとめていますので，ご確認ください。個別財務諸表上では，ほとんどの税効果項目は将来減算一時差異に関連する繰延税金資産になりますが，連結財務諸表上は，連結修正仕訳によって将来加算一時差異が生じるケースもそれなりに出てきますので，留意が必要です。

③　繰延税金資産の回収可能性の判断

　連結修正仕訳によって将来減算一時差異が生じた場合，基本的には，個別財務諸表と同じく，繰延税金資産の回収可能性を検討する必要があります。すなわち，連結修正仕訳によって生じた将来減算一時差異がどの会社に帰属するものかを適切に判別した上で，会社ごとに個別財務諸表における将来減算一時差異と合算し，繰延税金資産の回収可能性を判断していきます（税効果適用指針8項(3)，回収可能性適用指針9項）。

　ただし，個別財務諸表と異なり，以下の例外的な定めがあるため，留意が必要です。

> ● 未実現利益
> 　未実現利益を消去することにより将来減算一時差異が生じるが，繰延税金資産の計上の要否の判断に際して回収可能性は検討せず，未実現利益に対応する税

金が実際に発生していたかどうかにより計上の要否が判断される（詳細は後記「2⑵ 未実現損益に係る連結仕訳」参照）。

- 投資に係る将来減算一時差異

一定の要件を満たした場合（投資売却の意思がある場合など）に限って税効果を認識するものとされ、当該要件を満たした段階で初めて繰延税金資産の回収可能性を検討する形となる。なお、当該定めについては、子会社株式および関連会社株式に係る個別財務諸表上の将来減算一時差異についても同様の定めとなっている。

2 取引パターンによる連結税効果の考え方

ここでは、連結税効果に係る仕訳のうち、代表的な3つの取引を取り上げて、具体的な会計処理やその考え方、ポイントを解説していきます。

⑴ 評価差額の税効果に係る連結仕訳

連結貸借対照表の作成に際して、子会社の支配獲得日に当該子会社の資産および負債を時価評価し、時価と簿価との差額を評価差額として子会社の資本に計上するとされている点は、前記「第4章2⑴④(i) 子会社の資産および負債の時価評価」にて解説したとおりです。

そして、この評価差額については、当該評価差額が税効果会計上の一時差異に該当する場合には、この一時差異について税効果会計を適用しなければならないとされています（資本連結実務指針11項なお書き、税効果適用指針18項）。例えば、支配獲得日時点で連結子会社が土地を有しており、多額の含み益がある場合、連結子会社の個別財務諸表上は当該含み益が反映されていないため、土地を時価評価して、その評価差額を子会社の資本として計上することになりますが、当該評価差額の計上に際しては、基本的に税効果会計が適用されることになります。この関係を示したものがパターンⅠ－7－1になります。

パターンⅠ－7－1　資産および負債の時価評価（税効果あり）

[前提条件（連結会社は3月決算を前提）]

（※　パターンⅠ－4－6に税効果を反映したもので、同パターンへの前提条件の追

加は**太字**で示しています。）

① 親会社 P 社は，X2年 3 月31日に A 社の議決権比率の80％の株式を取得し連結子会社としています。

② 支配獲得日において，帳簿価額と時価に差額があった資産および負債は以下のものとします。

（土地）帳簿価額25,000，時価50,000，評価差額25,000

③ **土地の税務上の簿価は25,000のままであるとし，法定実効税率は30％とします。**

④ その他の勘定科目や前提条件は考慮しません。

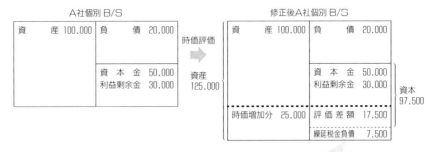

[X2年 3 月期の連結仕訳]

＜個別修正仕訳（評価差額）＞

| （借）土　　　　　地 | (※1)25,000 | （貸）評　価　差　額 | (※2)17,500 |
| | | 繰延税金負債 | (※3)7,500 |

(※1) 25,000……時価評価差額（前提条件②参照）

(※2) 17,500……差額により算出

(※3) 7,500＝25,000（評価差額）×30％（法定実効税率）

　個別修正仕訳により計上される評価差額は，将来加算一時差異に該当するため，対応する繰延税金負債が計上されます。最終的に資本に計上され，投資と資本の相殺消去の対象となる評価差額は，当該繰延税金負債を控除した後の金額となります。

[X3年 3 月期の連結仕訳]

＜開始仕訳（個別修正仕訳（評価差額））＞

| （借）土　　　　　地 | (※1)25,000 | （貸）評　価　差　額 | (※2)17,500 |
| | | 繰延税金負債 | (※3)7,500 |

(注) 評価差額のため繰越し

　なお，当該土地を将来売却した場合，個別財務諸表上で計上されていた固定資産売却損益を調整するとともに，関連する税効果も振り戻される（法人税等調整額が計上される）こととなります。

［XX 年 3 月期の連結仕訳］

＜開始仕訳（個別修正仕訳（評価差額））＞

(借) 土　　　　　　地	(*1)25,000	(貸) 評　価　差　額	(*2)17,500
		繰　延　税　金　負　債	(*3)7,500

＜個別修正仕訳（損益調整）＞

(借) 固定資産売却損益	(*4)25,000	(貸) 土　　　　　　地	(*4)25,000

(借) 繰　延　税　金　負　債	(*5)7,500	(貸) 法人税等調整額	(*5)7,500

（*4）　25,000……売却損益の調整
（*5）　7,500……上記に対応する税効果の調整

　上記のパターンは資産の評価増し（評価益）の例でしたが，評価差額は対象となるものが資産か負債かによって 2 つのケースが，また，時価の変動により評価益または評価損のいずれが生じているのかにより 2 つのケースがあり，一時差異の発生は最終的に図表 I － 7 － 7 の 4 パターンに分けられます。このうち，将来加算一時差異となるケースでは繰延税金負債が認識され，将来減算一時差異となるケースでは，その回収可能性を検討した上で，繰延税金資産が計上されることになります。

図表 I － 7 － 7　評価差額に関する税効果

	評価益（収益側）	評価損（費用側）
資産	資産の増額 →将来加算一時差異（繰延税金負債）	資産の減額 →将来減算一時差異（繰延税金資産）
負債	負債の減額 →将来加算一時差異(*1)（繰延税金負債）	負債の増額 →将来減算一時差異(*2)（繰延税金資産）

（*1）　負債の減額（評価益）とは，例えば，退職給付引当金について有利差異となるような未認識数理計算上の差異があり，当該差異を評価差額として貸方計上するようなケース（負債が減額されるようなケース）が想定される。
（*2）　負債の増額（評価損）とは，例えば，連結財務諸表上の時価評価に際して，新たに引当金を計上して，評価差額を借方計上するようなケースが想定される。

⑵　未実現損益に係る連結仕訳

　連結グループ内で棚卸資産や固定資産を売却し，当該資産がいまだ連結グループ内に留まっている場合，企業集団の観点からみると，連結会社間の売買取引によって生じた利益は実現していないものであって，これらを未実現利益として消去しなければならない，という点は，前記「第3章　未実現損益の消去」で解説したとおりです。

　そして，未実現利益の消去には繰延税金資産の計上，という論点がセットとなっています。図表 I － 7 － 8 をご参照いただければと思いますが，未実現利益を消去することで，税務上の簿価（図表中央）には変わりはないものの，連結財務諸表上の会計上の簿価（図表右）のみが減額され，将来減算一時差異が生じることによって，税効果会計の対象となります（税効果適用指針34項本文）。

　また，この未実現利益に係る税効果会計の特徴的な点は，将来の回収可能性を検討しない，という点にあります。通常の将来減算一時差異（税務上の繰越欠損金を含みます。)は，将来の税金の減額効果があるかどうかにより，繰延税金資産の計上の要否が決定されます。しかしながら，この未実現利益については，すでに売却元において課税関係が完了しているという特殊性から（図表 I － 7 － 8 の左の売却元で未実現利益相当にすでに税金が課せられています。)，将来の税金の減額効果を見積るのではなく，実際に売却元で当期に税金が発生していたのかどうかを検討し，税金が生じている場合には，当該税金を「繰り延べる」といった税効果会計の極めて特殊な手法を採用しています（税効

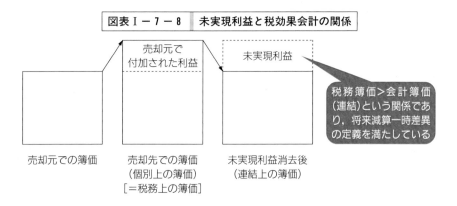

| 図表 I － 7 － 8 | 未実現利益と税効果会計の関係 |

図表 I － 7 － 9	未実現損益に係る税効果の認識の基準

種　別	基　準
未実現利益	売却元の連結会社（親会社または子会社）の売却年度における課税所得の額を上限とする
（参考）未実現損失	売却元の連結会社（親会社または子会社）の売却年度における当該未実現損失に係る税務上の損金を算入する前の課税所得の額を上限とする

果適用指針35項本文）。

　未実現損失と併せて，繰延税金資産または繰延税金負債計上の判断の基準（税効果適用指針35項また書き，36項）を図表 I － 7 － 9 にまとめていますので，ご確認ください。

　それでは，具体的な連結修正仕訳をみていくこととしますが，ここでは前記「第 3 章　未実現損益の消去」におけるパターン I － 3 － 5 を基礎として，当該前提条件に税効果を織り込んだ仕訳を解説していきます。

パターン I － 7 － 2 / 償却性資産の未実現損益の消去(アップストリーム)(税効果あり)

[前提条件（連結会社は 3 月決算を前提）]
（※　パターン I － 3 － 5 に税効果を反映したもので，同パターンへの前提条件の追加は**太字**で示しています。）
①　連結子会社 A 社は，X1年 4 月 1 日に親会社 P 社に対して，機械装置（取得原価2,000，売却価額2,400，売却益400）を売却しています。
②　連結子会社 A 社は，X1年 4 月 1 日に上記①の機械装置を2,000で購入し，すぐに親会社 P 社に売却したものとします。
③　機械装置の減価償却方法は定額法，経済的耐用年数は10年，残存価額はゼロとします。
④　親会社 P 社は，X3年 3 月31日に企業集団外部の B 社に対して，上記①の機械装置を2,500で売却しています。
⑤　親会社 P 社の連結子会社 A 社に対する議決権比率は80％（非支配株主持分比率は20％）とします。
⑥　**X2年 3 月期における A 社の法定実効税率は30％であり，未実現利益相当を大きく上回る課税所得が生じていたものとします。**
⑦　その他の勘定科目や前提条件は考慮しません。

[取引関係図]

【X2年3月期】

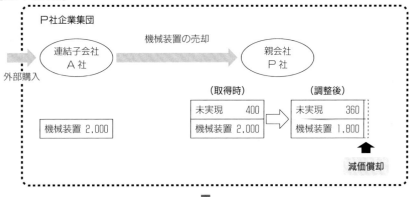

【X3年3月期】

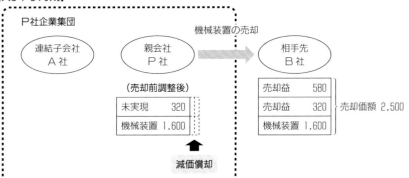

[X2年3月期の連結仕訳]

＜未実現損益の消去＞

| （借）　固定資産売却益 | 400 | （貸）　機　械　装　置 | 400 |

＜上記に対応する税効果仕訳＞

| （借）　繰 延 税 金 資 産 | (※1)120 | （貸）　法人税等調整額 | (※1)120 |

（※1）　120＝400（未実現利益）×30％（A社法定実効税率）

＜未実現損益の消去の配分＞

（借）　非支配株主持分	^{（※2）}80	（貸）　非支配株主に帰属	^{（※2）}80
		する当期純利益	

（※2）　80＝400（未実現利益）×20%（非支配株主持分比率）

＜税効果仕訳の配分＞

（借）　非支配株主に帰属	^{（※3）}24	（貸）　非支配株主持分	^{（※3）}24
する当期純利益			

（※3）　24＝120（未実現利益に係る繰延税金資産（（※1）参照））×20%（非支配株主持分比率）

＜減価償却費の調整＞

（借）　減価償却累計額	40	（貸）　減価償却費	40

＜上記に対応する税効果仕訳＞

（借）　法人税等調整額	^{（※4）}12	（貸）　繰延税金資産	^{（※4）}12

（※4）　12＝40（減価償却費の調整）×30%（A社法定実効税率）

＜減価償却費の調整の配分＞

（借）　非支配株主に帰属	^{（※5）}8	（貸）　非支配株主持分	^{（※5）}8
する当期純利益			

（※5）　8＝40（減価償却費の調整）×20%（非支配株主持分比率）

＜税効果仕訳の配分＞

（借）　非支配株主持分	^{（※6）}2.4	（貸）　非支配株主に帰属	^{（※6）}2.4
		する当期純利益	

（※6）　2.4＝12（減価償却費の調整に係る繰延税金資産（（※4）参照））×20%（非支配株主持分比率）

［X3年3月期の連結仕訳］

＜開始仕訳（未実現損益の消去）＞

（借）　利益剰余金期首残高	360	（貸）　機械装置	400
減価償却累計額	40		

（借）　繰延税金資産	^{（※7）}108	（貸）　利益剰余金期首残高	^{（※7）}108

（借）　非支配株主持分	72	（貸）　利益剰余金期首残高	72

（借）　利益剰余金期首残高	^{（※8）}21.6	（貸）　非支配株主持分	^{（※8）}21.6

（※7）　108＝120（（※1）参照）－12（（※4）参照）
（※8）　21.6＝24（（※3）参照）－2.4（（※6）参照）　税効果に係る非支配株主持分への調整仕訳の繰越し

＜減価償却費の調整＞

（借）　減価償却累計額　　　　40　（貸）　減 価 償 却 費　　　　40

＜上記に対応する税効果仕訳＞

（借）　法人税等調整額　（※9）12　（貸）　繰 延 税 金 資 産　（※9）12

（※9）　12＝40（減価償却費の調整）×30%（A社法定実効税率）

＜減価償却費の調整の配分＞

（借）　非支配株主に帰属　（※10）8　（貸）　非支配株主持分　（※10）8
　　　　する当期純利益

（※10）　8＝40（減価償却費の調整）×20%（非支配株主持分比率）

＜税効果仕訳の配分＞

（借）　非支配株主持分　（※11）2.4　（貸）　非支配株主に帰属　（※11）2.4
　　　　　　　　　　　　　　　　　　　　　する当期純利益

（※11）　2.4＝12（減価償却費の調整に係る繰延税金資産（（※9）参照））×20%（非支配株主持分比率）

＜未実現損益の実現＞

（借）　機 械 装 置　　　400　（貸）　減価償却累計額　　　80
　　　　　　　　　　　　　　　　　　　固定資産売却益　　　320

＜上記に対応する税効果仕訳＞

（借）　法人税等調整額　（※12）96　（貸）　繰 延 税 金 資 産　（※12）96

（※12）　96＝320（未実現利益の実現）×30%（A社法定実効税率）

＜未実現損益の実現の配分＞

（借）　非支配株主に帰属　（※13）64　（貸）　非支配株主持分　（※13）64
　　　　する当期純利益

（※13）　64＝320（固定資産売却益の調整額）×20%（非支配株主持分比率）　未実現利益が実現したため，非支配株主持分に負担させていた部分を実現仕訳として調整

＜税効果仕訳の配分＞

（借）　非支配株主持分　（※14）19.2　（貸）　非支配株主に帰属　（※14）19.2
　　　　　　　　　　　　　　　　　　　　　する当期純利益

（※14）　19.2＝96（未実現利益の実現に係る繰延税金資産の取崩し（（※12）参照））×20%（非支配株主持分比率）

⑶　留保利益の税効果

　ここでは，留保利益の税効果に係る会計処理とその基本的な考え方を確認していきます。

　そもそもの留保利益の税効果のメカニズムは前記「1⑵②(ⅳ)　子会社の投資に係る一時差異」および図表Ⅰ－7－5で説明したとおりとなっています。以下では，前提条件を設定したパターンⅠ－7－3で会計処理を確認していきますが，留保利益の税効果は，実際に配当したときにどのような課税関係が生じるのかを分析し，将来に生じると見込まれる追加税金の額を繰延税金負債として計上するものです。

　本パターンでは，在外子会社を念頭に置くものの，わかりやすさの観点から，換算は無視して，日本円で会計処理を示すイメージとしています。

パターンⅠ－7－3 ／ 留保利益の税効果

[前提条件]
①　親会社 P 社は海外に連結子会社 A 社を設立しています。P 社の A 社に対する持分比率は100%とします。
②　X1年 3 月末現在での A 社の利益剰余金は5,000，X2年 3 月末現在での A 社の利益剰余金は8,000であるものとし，X2年 3 月期の間に A 社から P 社への配当はなかったものとします。
③　A 社の所在地国において，配当に際しては10%の源泉税が課せられるものとします。当該源泉税については，親会社側での外国税額控除の対象とはならず，損金算入も認められません。また，A 社から P 社への配当に際しては，わが国の税法上，95%が益金不算入とされており，残余の 5 %部分のみ，法定実効税率30%を乗じた税金が親会社で発生するものとします。
④　単純化のため，換算については考慮しません。

[X2年 3 月期の連結仕訳]
＜前期の留保利益の税効果に係る開始仕訳＞

（借）　利益剰余金期首残高	（※1）575	（貸）　繰延税金負債	（※1）575

（※1）　575＝5,000（前期末利益剰余金残高）×（10％（源泉税率）＋5％（益金算入比率）×
30％（P社法定実効税率））

＜当期の留保利益の税効果＞

（借）　法人税等調整額　　（※2）345　（貸）　繰 延 税 金 負 債　　（※2）345

（※2）　345＝8,000（当期末利益剰余金残高）×（10％（源泉税率）＋5％（益金算入比率）×
30％（P社法定実効税率））－575（期首繰延税金負債残高）

　なお，上記で示したのはあくまで配当を前提とした税効果であり，対象とな
る子会社（株式）の売却を意思決定した場合などには，売却を前提とした将来
の見込税金を繰延税金負債として計上することになります（税効果適用指針23
項）。この場合，配当前提と売却前提で金額が大きく異なることが多いので，留
意が必要です。

3 ┃ 設例による連結精算表の作り方

　ここでは，他の章で解説している項目である評価差額や未実現利益に係る税
効果については割愛し，税効果固有の会計処理（連結修正仕訳）となる留保利
益の税効果を例にとって連結精算表の作り方を解説していきます。

　なお，前提条件は，パターンⅠ－7－3と同様であり，同じく換算について
は省略しています。

設例Ⅰ－7－1　　　**留保利益の税効果**

［前提条件］
①　親会社P社は海外に連結子会社A社を設立しています。P社のA社に対する
持分比率は100％とします。
②　X1年3月末現在でのA社の利益剰余金は5,000，X2年3月末現在でのA社の利
益剰余金は8,000であるものとし，X2年3月期の間にA社からP社への配当はな
かったものとします。
③　A社の所在地国において，配当に際しては10％の源泉税が課せられるものとしま
す。当該源泉税については，親会社側での外国税額控除の対象とはならず，損金算
入も認められません。また，A社からP社への配当に際しては，わが国の税法上，
95％が益金不算入とされており，残余の5％部分のみ，法定実効税率30％を乗じた
税金が親会社で発生するものとします。
④　連結精算表の各社の数字は所与とします。

⑤　その他の勘定科目や前提条件は考慮しません。
⑥　単純化のため，換算については考慮しません。

[X2年 3 月期の連結精算表]

238〜239頁に掲載しています。

[X2年 3 月期の連結精算表上の調整内容]

1．全般事項

連結税効果に係る調整項目であるため，連結修正仕訳の税効果関係の項目を使用します。

2．個別事項

＜＊A＞……開始仕訳（前期まで認識された留保利益の税効果を引継ぎ）
＜＊B＞……当期増加した将来加算一時差異に対する税効果（繰延税金負債）を認識

[X2年 3 月期の連結仕訳]

＜前期の留保利益の税効果に係る開始仕訳＞

| （借）　利益剰余金期首残高 | ＜＊A＞575 | （貸）　繰 延 税 金 負 債 | ＜＊A＞575 |

＜当期の留保利益の税効果＞

| （借）　法人税等調整額 | ＜＊B＞345 | （貸）　繰 延 税 金 負 債 | ＜＊B＞345 |

4 ▌実務上の留意事項等

(1)　税率差異の分析

当期税金および税効果会計の誤りがないかどうかを検証するために，いわゆる税率差異の分析を行っているケースがあるのではないかと思います。この税率差異の分析とは，法定実効税率と実際の当期の実効税率（（法人税等＋法人税等調整額）÷税引前当期純利益で算出した実績税率）の差分について，要因別に分析して，当期の税金計算の誤りや税効果会計の認識漏れがないかどうかを検証する仕組みです。分析の結果，以下のような項目があるべき差分として生じてくることになります。

［設例Ⅰ－7－1の連結精算表］

項目	精算表勘定科目	親会社 P社	子会社 A社	単純合算表
連結B/S	繰延税金負債			0
	利益剰余金	80,000	8,000	88,000
連結P/L	法人税等調整額			0
	当期純利益（P/L）	30,000	3,000	33,000
連結S/E	利益剰余金期首残高	50,000	5,000	55,000
	親会社株主に帰属する当期純利益(S/E)	30,000	3,000	33,000
	利益剰余金期末残高	80,000	8,000	88,000

（※1） 575＝5,000（前期末利益剰余金残高）×(10％（源泉税率）＋5％（益金算入比率）×30％（P社法定実効税率))

（※2） 345＝8,000（当期末利益剰余金残高）×(10％（源泉税率）＋5％（益金算入比率）×30％（P社法定実効税率))－575（期首繰延税金負債残高）

個別修正仕訳後合算表	連結修正仕訳		連結修正仕訳合計	連結精算表合計
	税効果関係			
	開始仕訳（税効果）	その他税効果仕訳		
0	(※1) 575	(※2) 345	920	920
88,000	△575	△345	△920	87,080
0		(※2) 345 ＜※B＞	345	345
33,000	0	△345	△345	32,655
55,000	(※1) △575 ＜※A＞		△575	54,425
33,000	0	△345	△345	32,655
88,000	△575	△345	△920	87,080

開始仕訳の項目を使用
（前期のため）

その他税効果仕訳の
項目を使用

- 交際費や寄附金などの損金不算入額
- 受取配当金や一部受贈益などの益金不算入額
- 住民税均等割
- 各種税額控除
- 評価性引当額の増減額
- （繰延税金資産を計上していなかった）繰越欠損金の利用^(※)
- 税率変更の影響

（※）　評価性引当額の増減額に含めるケースもあると思われる。

　連結財務諸表の作成に際しては，まず，各連結会社レベルで当該分析を実施した上で，その結果を連結パッケージで報告する形となります。それに加えて，連結ベースでの税率差異分析が親会社の連結決算プロセスにおいて行われることが望ましいといえるでしょう。連結財務諸表における税率差異分析により生じる固有の差分項目には，以下のようなものがあります。

- 子会社との法定実効税率の差異
- のれん償却額（または負ののれん発生益)^(※)
- 持分法による投資損益
- 留保利益の税効果

（※）　個別財務諸表においてのれんまたは負ののれんが認識された場合には同様に生じ得るが，連結財務諸表において生じるケースが多いということでここに記載している。

⑵　網羅性の確保

　連結税効果で何より大切なのは，「網羅性の確保」という点です。1つひとつの連結仕訳の計上に際して，税効果仕訳の計上の要否の判断を誤ることなく，特に，漏れが生じないようにすることが大切です。
　連結システムを用いている場合には，仕訳は極力システムの標準仕訳を用いて，税効果まで自動で計上されるようにしておくことも漏れを防ぐポイントになるかもしれません。いわゆる手仕訳のように連結仕訳を入力するようになっているケースなどでは，上席者が税効果仕訳の要否を必ずチェックするような仕組みを構築しておく必要があるでしょう。また，評価差額に係る税効果につ

いて，特に無形固定資産に関する税効果の計上漏れの事例がしばしばあるようなので，留意が必要です。

5 連結精算表作成のための補助資料

連結税効果に係る連結仕訳を計上するために必要な情報は多岐にわたります。一部の情報は，他の項目に含めて情報収集されるケースもありますが（第2章から第6章までのそれぞれの本項目をご参照ください。），それを含めて，本項で確認していきます。

(1) 税率に関する情報

当期および翌期以降数年間（5年間＋その翌年度が通例）の法定実効税率に関する情報を入手することが必要となります。各々の目的は，図表Ⅰ－7－10に記載したとおりです。

図表Ⅰ－7－10　法定実効税率の使用目的

年　次	目　的
当期	未実現損益の税効果を測定する際の税率として用いる。
翌期以降	連結修正仕訳により生じた一時差異（未実現損益に係るものを除く。）に係る税効果を測定する際の税率として用いる。

(2) 繰延税金資産の回収可能性に関する情報

前記「1(2)③　繰延税金資産の回収可能性の判断」に記載のとおり，連結仕訳によって識別された将来減算一時差異についても，繰延税金資産の回収可能性に関する検討が必要となるため，その検討の前提となる回収可能性に関する情報が必要となります。

具体的には，以下のような情報が必要となるものと考えられます。

- 回収可能性適用指針の定めに基づく「企業の分類」の決定方法
  連結パッケージにテンプレートがあり，それに入力する形をとることが，親会

社側での理解を助け，また，親会社および子会社の双方で作業の軽減につなが
る。
- 一時差異の明細
将来減算一時差異，将来加算一時差異の項目別の明細，将来減算一時差異につ
いては項目別の評価性引当額または回収可能性の有無に関する情報を含む。

　なお，会計処理に際して，いわゆる永久差異（交際費に係る損金不算入額や
受取配当金に係る益金不算入額など）に係る情報は不要ですが，前記「4(1)　税
率差異の分析」に記載した子会社ごと，および連結ベースでの税率の差異を分
析するために必要な情報であるため，当該情報も連結パッケージで収集してお
くことが大切です。

⑶　当期の課税所得に関する情報

　前記「2(2)　未実現損益に係る連結仕訳」にも記載したとおり，未実現利益
に係る繰延税金資産の計上の可否は，当期の課税所得との比較により判断され
ます。このため，未実現利益に係る繰延税金資産の計上の可否を判断するため
に，連結パッケージ内に当期の課税所得（もちろん，親会社への報告段階では，
申告は完了していないので，暫定の数値となります。）の数値情報が含まれてい
る必要があります。
　なお，未実現利益に関して税効果を認識しているかどうかは，連結修正仕訳
のみではなく，明細として管理して，翌期以降へ繰り越していくことが重要で
す。

⑷　その他の情報に含まれる税効果関連情報

　その他，以下のような情報にも，税効果関連の情報が含まれる可能性があり
ます。

- 連結上の評価差額の明細……税効果認識の要否に関する情報
- 連結会社間の貸倒引当金の明細……有税によるもの（税務上申告調整している）
か，無税化している（税務上も損金計上している）かに関する情報

第**II**部

連結決算のための情報収集と
連結決算スケジュールおよび
その業務内容と体制

　　第Ⅰ部では連結財務諸表を作成するための考え方と，連結精算
表の具体的な作成方法について解説しました。第Ⅱ部では，連結
子会社の決算情報の収集方法や，連結財務諸表を作成するための
スケジュールやその業務内容と連結決算体制について解説します。

連結決算のための
情報収集

　本章では親会社が連結財務諸表を作成するための連結子会社からの決算情報
の収集方法について解説します。

1 連結パッケージとは

　連結財務諸表は，各社の決算情報を合算した後，連結会社相互間の取引消去
や資本連結等を行うことで作成されます。当該連結仕訳を作成するために，親
会社は連結子会社から法定の決算書のみならず，さまざまな情報を入手する必
要があります。

　例えば，連結会社相互間の債権と債務の相殺消去を行うためには，販売会社
と購入会社の両者から相手先の債権債務明細を入手する必要がありますし，未
実現利益の消去については，売却先と購入先から資産明細を入手するとともに，
利益率等の情報も必要となります。

　したがって，連結財務諸表を作成するためには貸借対照表や損益計算書のよ
うな決算書のみならず，追加で必要な情報を収集する必要があります。この一
体となった情報の集合体は，一般的には「連結 Reporting Package（略称で連
結 RP）」や「連結パッケージ」と呼ばれており，連結決算を行う都度，連結子
会社は親会社からその提出が求められています。

　この関係を示したものが図表Ⅱ－1－1となります。

| 図表II－1－1 | 連結パッケージの関係 |

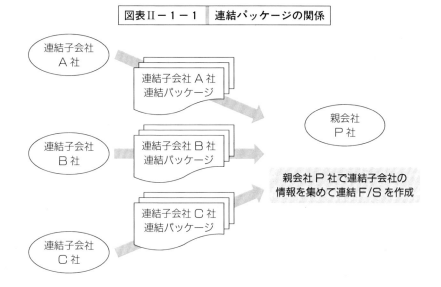

2 連結パッケージの具体的な項目

　連結パッケージは，連結財務諸表を作成するために子会社から入手した情報の集合体となりますが，連結パッケージの構成は各社で異なります。連結決算作成ソフトを利用している会社と，エクセル等の表計算ソフトで連結財務諸表を作成する会社の連結パッケージは当然異なりますし，そもそも連結子会社が少ない場合や，連結会社相互間の取引や複雑な資本連結が少ない場合でも，連結パッケージとして集める情報量に違いが生じます。このため，親会社は，企業集団の実態に応じた連結パッケージの項目を決定する必要があります。

　なお，連結貸借対照表，連結損益計算書および連結株主資本等変動計算書を作成するための基本的な連結パッケージの項目の例示は，図表II－1－2のとおりです。

　なお，連結パッケージには親会社が準備した図表II－1－2のような資料のほか，連結子会社の実際の決算資料（会計システムから出力される決算書や勘定内訳等）等も含む場合があります。これは，親会社において，提出された連結パッケージの正確性を実際の資料をもとに検証するためです。

項　目	内　容
個別財務諸表	貸借対照表，損益計算書のほか，株主資本等変動計算書を含む
投資増減明細	関係会社株式の銘柄ごとの増減明細
資本増減明細	純資産の部の増減明細
債権債務明細	連結会社間の相手先明細（貸倒引当金を含む。）
取引高明細	連結会社間の取引明細
棚卸資産購入明細	連結会社から購入した棚卸資産の内訳
棚卸資産売却明細	連結会社に売却した棚卸資産の利益率等の情報
固定資産購入明細	連結会社から購入した固定資産の内訳
固定資産売却明細	連結会社に売却した固定資産の利益額等の情報
税効果明細	課税所得，一時差異明細(繰延税金資産負債明細)，繰延税金資産の回収可能性の検討シート（回収可能性適用指針に基づく会社分類を含む。），実効税率等の情報
会計方針一覧	採用されている会計方針の一覧（各社の決算資料で代替）

3 連結パッケージのサンプル

　ここでは連結パッケージのサンプルについて解説します。連結パッケージは，企業集団の経済的実態に合わせて，効率的な項目で構成することが実務上は有用です。

(1) 個別財務諸表

　個別財務諸表は，連結精算表の科目と同一にして作成するとともに，勘定科目コードで管理しておくことが有用です。また，貸借対照表に関しては前期末残高，損益計算書に関しては前年同期残高を追加し増減理由を明示することで，子会社の決算の誤りや連結パッケージへの入力誤りを未然に防ぐことが可能となります。さらには，効率的な業績管理に資する情報が，親会社に定期的に提供されることとなります（図表II－1－3参照）。

図表Ⅱ－１－３	個別財務諸表のサンプル

項目	精算表勘定科目code	精算表勘定科目	X1年３月期	X2年３月期	増減金額	増減理由
B/S	111110	現金預金				
	111120	受取手形				
	111130	売掛金				
		流動資産合計				
	112110	建物				
	112115	減価償却累計額				
		有形固定資産合計				
	113110	のれん				
		無形固定資産合計				
	114110	投資有価証券				
	114120	関係会社株式				
		投資その他の資産合計				
		固定資産合計				
	115000	繰延資産				
		資産合計				
	121110	支払手形				
	121120	買掛金				
	121130	短期借入金				
		流動負債合計				
	122110	社債				
	122120	長期借入金				
		固定負債合計				
		負債合計				
	131000	資本金				
	131100	資本剰余金				
	131200	利益剰余金				
	131300	自己株式				
		株主資本合計				
	132000	その他有価証券評価差額金				
	132100	繰延ヘッジ損益				
	132200	為替換算調整勘定				
	132300	退職給付に係る調整累計額				
		その他の包括利益累計額合計				
	133000	新株予約権				
	134000	非支配株主持分				
	135000	評価差額（個別修正用）				
		純資産合計				
		負債純資産合計				
P/L	210000	売上高				
	220000	売上原価				
		売上総利益				
	231100	販売促進費				
	231200	運賃及び荷造費				
	231300	広告宣伝費				
	231400	販売手数料				
	231500	役員報酬				
	231600	給料手当				
	233999	その他				
		販売費及び一般管理費合計				
		営業利益				

⑵　投資増減明細および資本増減明細

　投資増減明細は，連結会社に対する投資情報（関係会社株式の情報）を収集するためのものであり，資本増減明細は，連結子会社の資本情報を収集するためのものです。これにより，投資と資本の相殺消去に必要な情報が集まります（図表Ⅱ－1－4，Ⅱ－1－5参照）。

図表Ⅱ－1－4　投資増減明細のサンプル

銘柄	期首			増加			減少（評価損含む）			期末			取得関連情報	売却関連情報
	株式数	議決権比率	帳簿価額	株式数	議決権比率	金額	株式数	議決権比率	金額	株式数	議決権比率	帳簿価額	取得関連費用	売却損益

図表Ⅱ－1－5　資本増減明細のサンプル

科目	期首		増加		減少		期末	
	株式数	残高	株式数	金額	株式数	金額	株式数	残高
資本金								
資本剰余金								
自己株式								

発行済株式総数				

⑶　債権債務明細

　債権債務明細は，債権と債務の相殺消去を行うための情報を収集する資料です（図表Ⅱ－1－6参照）。

図表II－1－6	債権債務明細のサンプル

相手先	計上科目					貸倒引当金計上		貸倒引当金繰入		税効果計上の有無
	111120	111130	111180			111240	114220	231800	251300	
	受取手形	売掛金	前渡金			流動	固定	販管費	営業外	

⑷　取引高明細

取引高明細は，取引の相殺消去を行うための情報を収集する資料です（図表II－1－7参照）。

図表II－1－7	取引高明細のサンプル

相手先	計上科目					
	210000	220000	231100	231300		
	売上高	売上原価	販売促進費	広告宣伝費		

⑸　棚卸資産購入明細および棚卸資産売却明細

棚卸資産購入明細と棚卸資産売却明細は，棚卸資産の未実現利益の消去を行うための情報を収集する資料です（図表II－1－8，II－1－9参照）。

| | 図表Ⅱ－1－8 | 棚卸資産購入明細のサンプル |

購入先会社	勘定科目ID	勘定科目	商品グループ	期末残高 （評価損計上前）	評価損計上額	期末残高 （評価損計上後）

| | 図表Ⅱ－1－9 | 棚卸資産売却明細のサンプル |

販売先会社	商品グループ	利益率	赤字販売計上額 （赤字販売がある場合）

⑹ 固定資産購入明細および固定資産売却明細

　固定資産購入明細と固定資産売却明細は，固定資産の未実現利益の消去を行うための情報を収集する資料です（図表Ⅱ－1－10，Ⅱ－1－11参照）。

| | 図表Ⅱ－1－10 | 固定資産購入明細のサンプル |

取引 発生日	購入会社	購入資産 ID	購入資産 勘定科目	固定資産 登録NO	購入資産 金額	減価償却 方法	耐用年数	残存価額	減価償却 ID	減価償却 勘定科目	売却等の 有無

| | 図表Ⅱ－1－11 | 固定資産売却明細のサンプル |

取引 発生日	売却会社	売却資産 ID	売却資産 勘定科目	売却簿価	売却価額	売却損益	売却損益 ID	売却損益 勘定科目

⑺　税効果明細

　税効果明細は，税効果仕訳を計上するための情報を収集する資料です。なお，図表II－1－12のサンプルのほかにも，各社で作成した一時差異明細（繰延税金資産負債明細）や繰延税金資産の回収可能性検討シートを入手しておきます。

図表II－1－12	税効果明細のサンプル

【会社分類等の情報】

回収可能性適用指針に基づく会社分類	当期課税所得(仮)

【実効税率に関する情報】

(当期 X0年)法定実効税率	(X1年)法定実効税率	(X2年)法定実効税率	(X3年)法定実効税率	(X4年)法定実効税率	(X5年)法定実効税率	(X6年以降)法定実効税率

【税率差異に関する情報（一時差異ベース）】

項目	金額(一時差異ベース)
交際費等の損金不算入額	
受取配当金等の益金不算入額	
住民税均等割	
各種税額控除	
評価性引当額の増減額	
税率変更の影響	
その他	

【各社添付資料（各社決算の過程で作成したもの）】

項目	添付の有無
一時差異明細(繰延税金資産負債明細)	
繰延税金資産回収可能性検討シート	

　ここまでの連結パッケージは，連結貸借対照表，連結損益計算書および連結株主資本等変動計算書を作成するために必要な標準的なサンプル例です。このため，連結キャッシュ・フロー計算書，連結包括利益計算書，セグメント情報

および各種注記情報を作成するためには，連結パッケージの追加が必要となることにご留意ください。

4 ┃ 実務上の留意事項等

⑴　連結パッケージにおける検証機能の追加

連結決算作成ソフトを使って連結財務諸表を作成する場合，標準的な連結パッケージには，財務諸表相互間の整合チェックや計算チェック機能が付加されています。これは，連結子会社が入力した連結パッケージの入力ミスを事前に防止するためです。このため，エクセルで連結パッケージを作成する会社は，エクセルのセルに関数を入れて，計算チェック機能や整合チェック機能を追加しておくことが有用です。

⑵　連結パッケージの追加項目

親会社および連結子会社において，資本関係に大きな変更がなく，連結会社相互間の取引も定型的な相殺消去しか起こらない場合には，標準的な連結パッケージを作成していれば，連結財務諸表を作成することは可能です。ただし，特殊な事象が発生した場合には，標準的な連結パッケージ以外に，追加の情報を入手する必要があります。ここでは，連結パッケージの追加が必要となる事象について解説します。

①　新規連結の場合

親会社がある会社を新規に連結する場合，標準的な連結パッケージからの追加の項目として，以下のものが必要になると考えられます。

- 採用されている会計方針一覧および関係する諸規定（例：退職金規程等）
- 過去3年程度の決算書および税務申告書ならびに勘定科目内訳書
- 資産および負債の時価に関する情報（子会社で把握できる場合）
- 予算および事業計画

　上記の内容は，親会社が新規連結子会社の決算情報を正確に理解するために必要なものと，資本連結等の連結仕訳を行うために必要なものとで構成されています。特に連結子会社の会計方針については，親会社は早めにその現状を把握する必要があります。これは，新規連結子会社がいわゆる税務会計による決算を行っている場合があるほか，採用されている会計方針が親会社と相違する場合があるためです。この場合，新規連結子会社自体の重要性や取引の性質等により，会計方針の変更や統一を検討する必要があります。

②　連結上ののれんが計上されている場合

　連結決算においてのれんが計上されている場合，親会社においてのれんの減損を検討する必要があります（資本連結実務指針33項）。このため，以下の項目を追加で入手することが有用です。

- 減損の兆候に該当するような意思決定資料
- 予算および事業計画

---

③　簡便的な連結パッケージ

　連結子会社が1社～5社程度の状況において，資本関係に大きな変更もなく，連結会社相互間の取引も定型的なものである場合，改めて連結パッケージを作成することは行わず，連結子会社から決算資料一式を入手して連結財務諸表を作成する場合があります。実務上は連結子会社の経理人員が充実していない場合も多く，決算資料一式を親会社に提出するまでが連結子会社の経理担当者の分担となっている場合も多いことが想定されます。この場合，親会社に提出された決算資料一式が連結パッケージになります。なお，決算資料一式としては，概ね以下のものが想定されます。

- 財務諸表一式
- 勘定科目内訳書（相手先明細）
- 固定資産台帳
- 税務申告書（仮）

第2章

連結決算スケジュールおよびその業務内容と体制

　本章では連結決算の具体的なスケジュールとその業務内容等について解説します。

1 連結決算スケジュール

(1) 連結決算の一般的なスケジュール

　上場会社は，いわゆる取引所の開示のルールに従い，基本的には決算日後45日以内で決算発表することが求められています。このため，会社の決算発表日から逆算して連結決算を進める必要があります。また，親会社は連結子会社に決算発表までのスケジュールを共有するとともに，事前に連結パッケージや連結精算表の整備を行っておくことが有用です。図表Ⅱ－2－1は，決算発表までの一般的なスケジュール（3月末決算会社で4月決算発表予定）を示しています。

図表Ⅱ－2－1	決算発表の基本的なスケジュール（3月末決算会社で4月決算発表予定）

スケジュール	項　目	内　　容
2月中旬〜2月下旬	決算スケジュールの確定	• 決算発表までのスケジュール確認
2月下旬〜3月上旬	連結精算表等の事前整備	• 連結精算表の整備 • 連結パッケージの整備

3月上旬〜 3月下旬	連結決算方針の確認と通知	● 会計方針等の確認（年度期首に検討していることが前提） ● 会計方針および決算スケジュール等のアナウンス
	連結範囲の検討	● 連結範囲の検討 ● 資本連結の事前準備
4月上旬〜 4月中旬	各社決算作業	● 各社の決算作業
4月中旬	連結子会社の資料提出	● 連結パッケージの提出
4月中旬〜 4月下旬	連結財務諸表の作成	● 連結精算表の作成
4月下旬	開示書類の作成	● 開示書類の作成

⑵　連結精算表の作成手順

　連結決算のスケジュールのうち，連結精算表の具体的な作成手順は図表II－2－2のとおりです。

| 図表II－2－2 | 連結精算表の具体的な作成手順（標準的な場合） |

項　目	内　容
連結パッケージの検証	● 各社が提出してきた連結パッケージの検証
外貨換算	● 在外子会社および関連会社の外貨換算
各社個別F/Sの入力	● 連結精算表に連結子会社の個別F/Sを入力
個別F/Sの修正	● 開始仕訳 ● 損益調整 ● 期ズレ・未達取引調整 ● 組替仕訳　等
資本連結	● 開始仕訳 ● 投資と資本の相殺消去 ● のれん償却，当期純利益の按分，配当金相殺 ● 評価差額，換算差額等の按分　等
債権と債務および取引高の相殺消去	● 開始仕訳 ● 債権と債務の相殺消去 ● 取引高の相殺消去 ● 貸倒引当金の調整　等

| 未実現損益の消去 | ● 開始仕訳
● 未実現損益の消去　等 |
| 持分法その他 | ● 開始仕訳
● 利益按分，配当金相殺
● 評価・換算差額等の按分　等 |

(注)　上記の仕訳には税効果仕訳を含む。

2 連結決算担当者の業務内容で留意すべき事項と検証作業のポイント

　ここでは前記「1　連結決算スケジュール」において，特に親会社の連結決算担当者として留意すべき業務内容と検証作業のポイントについて何点か解説します。

(1)　新会計基準適用のアナウンス

　昨今の企業内容開示制度においては，毎年のように新しい会計基準が適用され，その会計処理も複雑になるとともに，税金計算および税効果会計に影響するような税制改正の内容についても適切に把握する必要があります。親会社の連結決算担当者は，新しい会計基準が適用される前の段階から，グループの会計方針を検討するとともに，適切なタイミングでその処理方法を連結子会社にアナウンスする必要があります。

　連結子会社等の会社数やその経理能力にもよりますが，新しい事業年度が始まる一定程度の前段階で説明会を実施する場合や，会計方針や具体的な会計処理の指示書を送付することで，適正な連結財務諸表を作成するための準備を行う会社が多いと思われます。

(2)　決算スケジュール等の資料の送付

　親会社の連結決算担当者は連結決算の事前準備が終わった段階で，提出期限等を記載した決算スケジュールのほか，連結パッケージのファイルや新しい会計基準における処理内容等の指示書を送ります。この送付の段階で早めにスケジュール等の調整や質問事項を受けることで，実際の決算作業がスムーズに進

みます。

　なお，決算スケジュール等の資料の中には，関係会社ならびに連結子会社および持分法適用会社の一覧表が含まれます。当然ですが，連結子会社等自体は連結グループの会社名のすべてを把握しているわけではないため，連結会社間での未実現利益の消去や債権と債務の相殺消去に必要な情報を提出してもらうために必要なものとなります。

　さらに，当該情報は決算（四半期決算）ごとに各社に送ることとなりますが，この情報の提示が早いと連結子会社がそれぞれ使用している会計システムに連結グループの単位を設定することで，連結パッケージの相手先明細等を会計システムからスムーズに作成することにもつながります。

⑶　連結パッケージおよび連結仕訳の検証作業のポイント

　提出された連結パッケージと作成された連結仕訳について，親会社連結決算担当者が検証すべきポイントを図表II－2－3と図表II－2－4で取り上げていますので，実際の作業の際にご利用ください。なお，個別の項目は，第I部の各章で解説した「実務上の留意事項等」や「連結精算表を作成するための補助資料」をご参照ください。

図表II－2－3	連結パッケージの検証作業のポイントの例示
連結パッケージの項目	**検証作業のポイントの例示**
共通項目	• 連結パッケージと提出された元資料との数字の照合 • 特殊な会計事象のヒアリング（例：組織再編等）
個別財務諸表	• 貸借対照表については前期末残高との比較による増減分析 • 損益計算書については前年同期残高・直前四半期との比較による増減分析 • 営業外損益および特別損益の内容の把握
投資増減明細	• 親会社で事前に把握している投資増減との内容の確認 • 事前に把握していない増減がある場合は内容の検証
資本増減明細	• 親会社で事前に把握している資本増減との内容の確認 • 事前に把握していない増減がある場合は内容の検証
債権債務明細	• 前期末および前年同期残高との比較による増減分析 • 新規相手先が発生している場合には内容の検証

取引高明細	● 前期末および前年同期残高との比較による増減分析 ● 新規相手先が発生している場合には内容の検証
棚卸資産購入明細	● 前期末および前年同期残高との比較による増減分析 ● 新規相手先が発生している場合には内容の検証
棚卸資産売却明細	● 前期末および前年同期残高との比較による増減分析 ● 利益率については変動の有無の検証（および赤字販売の有無の確認） ● 新規相手先が発生している場合には内容の検証
固定資産購入明細	● 新規取引の内容の確認 ● 過去に購入した資産の売却等の有無の確認
固定資産売却明細	● 新規取引の内容の確認 ● 利益額等の確認（赤字販売の有無の確認）
税効果明細	● 企業の分類の変更の有無の確認 ● 一時差異明細や回収可能性検討シートの検証 ● 税率計算の妥当性の検討 ● 税率差異の分析 ● 税率変更の有無の確認
会計方針一覧	● 前期末との会計方針の比較（新規会計方針の採用，変更の有無等）

図表Ⅱ－2－4　連結仕訳等の検証作業のポイントの例示

連結精算表等における作業	検証作業のポイントの例示
外貨換算	● 換算レートのチェック ● 為替換算調整勘定の増減分析 ● 前記「第Ⅰ部第6章2⑹　実務上の留意事項等」を参照
各社個別F/Sの入力	● 各社の連結パッケージと入力金額との一致を確認
個別F/Sの修正	● 開始仕訳の金額と前期連結精算表上の個別修正仕訳との金額の一致 ● 新規の修正仕訳の有無（網羅性を含む。） ● 過去の修正仕訳の振戻しの検証 ● 期ズレ会社の調整金額について前期末および前年同期との増減分析 　→前記「第Ⅰ部第6章3⑺　実務上の留意事項等」を参照 ● 組替仕訳について前期末および前年同期との増減分析 ● 上記に関連する税効果仕訳の計上の有無の確認
資本連結	● 開始仕訳の金額と前期連結精算表上の資本連結との金額の一致 ● 前記「第Ⅰ部第4章4⑷　資本連結に関係する勘定科目の検証作業」を参照

	• 上記に関連する税効果仕訳の計上の有無の確認（留保利益の税効果等）
債権と債務および取引高の相殺消去	• 差異分析・差異調整のレビュー • 前記「第Ⅰ部第2章4　実務上の留意事項等」を参照
未実現損益の消去	• 開始仕訳の金額と前期連結精算表上の未実現損益との金額の一致 • 前期および前年同期との消去金額の増減分析 • 新規の消去取引の内容の検証 • 前記「第Ⅰ部第3章4　実務上の留意事項等」を参照 • 前記「第Ⅰ部第3章5　連結精算表を作成するための補助資料」を参照 • 上記に関連する税効果仕訳の計上の有無の確認（売却元の課税所得の確認等）
持分法その他	• 開始仕訳の金額と前期連結精算表上の持分法仕訳との金額の一致 • 資本連結と同様の検証 • 前記「第Ⅰ部第6章1⑺　実務上の留意事項等」を参照 • 上記に関連する税効果仕訳の計上の有無の確認
連結精算表の最終チェック	• 前期末および前年同期残高との比較による増減分析 • 営業外損益および特別損益の内容の把握 • 税率差異等の分析 　➡前記「第Ⅰ部第7章4　実務上の留意事項等」を参照

3 連結決算体制の整備と内部統制

⑴　連結決算体制の整備

　連結決算にあたっては，親会社の連結決算担当者と連結子会社等の決算担当者が緊密に連携をとる必要があります。このため，親会社の連結決算担当者の中でも作業分担を明確にする必要がありますし，連結子会社等の経理担当者の中でも親会社との連絡担当者を明確にする必要があります。特に連結子会社で経理人員が不足する場合には，親会社のサポートが不可欠になります。

　また，連結子会社は親会社から決算数値に関する質問を受けることが多いため，連結子会社自体の決算数値の内容を熟知した担当者を親会社の連絡担当者にすることが有用です。

⑵　内部統制報告制度への対応

　いわゆる上場会社においては，内部統制報告制度への対応が求められていますが，連結財務諸表を作成するプロセスについては，決算・財務報告に係るプロセスの範疇として内部統制の整備および運用評価の対象となります。このため，連結財務諸表作成プロセスにおける適切な承認体制等の内部統制を整備運用するとともに，内部統制報告制度への対応で必要となる各種資料の作成や評価テストが必要となります。

261

（巻末図表）連結パッケージを作成するための準備資料の例示

連結パッケージの項目	連結パッケージを作成するための準備資料の例示
個別財務諸表	• 試算表 • 勘定内訳 • 総勘定元帳（営業外および特別損益等）　等
投資増減明細	• 有価証券明細 • 関係会社株式明細　等
資本増減明細	• 株主資本等変動計算書 • 発行済株式等の株式情報　等
債権債務明細	• 相手先明細 • 総勘定元帳　等
取引高明細	• 相手先明細 • 総勘定元帳　等
棚卸資産購入明細	• 棚卸資産の内訳 • 評価損の計算シート　等
棚卸資産売却明細	• 利益率の情報（商品グループ等） • 赤字販売の有無の内容　等
固定資産購入明細	• 総勘定元帳（固定資産関係の購入取引の把握　等） • 固定資産台帳　等
固定資産売却明細	• 総勘定元帳（固定資産関係の売却取引の把握　等） • 固定資産台帳 • 総勘定元帳（営業外および特別損益等）　等
税効果明細	• （仮）税務申告書 • 税率に関する情報 • 税効果に関する決算資料 　→一時差異明細，会社分類および回収可能性検討シート　等
会計方針一覧	• 経理規程　等

＜参考文献＞

『連結財務諸表の会計実務（第2版）』新日本有限責任監査法人編　中央経済社

『こんなときどうする？　連結税効果の実務詳解』新日本有限責任監査法人編　中央経済社

『設例でわかる　資本連結の会計実務』新日本有限責任監査法人編　中央経済社

『連結手続における未実現利益・取引消去の実務』新日本有限責任監査法人編　中央経済社

『そうだったのか！　連結決算の考え方・作り方（第2版）』公認会計士　藤原道夫編　中央経済社

『図解＆設例　連結会計の基本と実務がわかる本』公認会計士　飯塚幸子編　中央経済社

『図解＆設例　連結決算の業務マニュアル』公認会計士　飯塚幸子編　中央経済社

【著者略歴】

吉田　剛（よしだ　たけし）

公認会計士
EY新日本有限責任監査法人　品質管理本部　会計監理部　兼　第4事業部　パートナー

1998年日本獣医畜産大学（現・日本獣医生命科学大学）獣医畜産学部獣医学科中退，2001年中央大学商学部会計学科卒業。
同年に監査法人太田昭和センチュリー（現・EY新日本有限責任監査法人）に入社し，航空運送業およびその関連事業（旅行業，リース業を含む。）を中心とする監査業務などに従事する。
2009年より，現所属である会計監理部にて，会計上の判断に係る質問対応，監査部門への会計に関する情報提供，会計基準に関する調査・研究等の業務などに従事している。また，雑誌・書籍・法人ホームページ等の執筆および企画に数多く携わるとともに，法人内外向けのセミナー・研修の講師を多数務めている。さらに，IFRS関連業務を含む食品製造業，石油・ガス開発業等の監査業務などにも従事している。
現在，企業会計基準委員会（ASBJ）企業結合専門委員会専門委員を務める。また，日本公認会計士協会会計制度委員会委員ならびに同委員会連結・企業結合等検討専門委員会専門委員長，税効果対応専門委員会専門委員およびソフトウェア等無形資産実務対応専門委員会専門委員を務めるほか，過去には同委員会インセンティブ報酬等検討専門委員会専門委員長を務めていた。
著書（いずれも共著）に『現場の疑問に答える会計シリーズ⑦　Q&A純資産の会計実務』，『こんなときどうする？　引当金の会計実務(第2版)』，『連結財務諸表の会計実務(第2版)』，『為替換算調整勘定の会計実務(第2版)』，『設例でわかる　資本連結の会計実務』（以上，中央経済社）など多数あるほか，法人出版の企画・編集・レビューにも多く携わる。また，「旬刊経理情報」（中央経済社），「週刊経営財務」（税務研究会）など，雑誌への寄稿も多数あるほか，法人ホームページの「企業会計ナビ　会計情報トピックス」の執筆も数多く行っている。

植野　和宏（うえの　かずひろ）

公認会計士　税理士
植野和宏公認会計士事務所　植野和宏税理士事務所　所長
株式会社RSTANDARD　シニアマネージャー
株式会社ギフティ　社外監査役

1999年明治大学商学部商学科卒業。
2001年に新日本監査法人（現・EY新日本有限責任監査法人）に入社し，航空運送業，専門商社，製造業等の監査業務に従事する。
2005年に株式会社フジテレビジョンに入社し，連結決算および開示書類作成業務，J-SOX導入業務，組織再編業務に従事する。
2009年に新日本有限責任監査法人（現・EY新日本有限責任監査法人）に入社し，上場会社の監査業務に従事しながら，さまざまな業種の上場準備会社の上場支援業務にも携わり，多くの会社の株式上場を支援している。また，法人内の企業成長サポート室にも所属し，IPOに関する各種ツールの作成や法人内外向けのセミナー・研修の企画立案や講師を務める。さらに，ナ

レッジ活動にも参加し，書籍・雑誌の執筆や外部セミナー・研修の講師も多数務める。
現在は，公認会計士事務所および税理士事務所を開業し，通常の会計税務顧問業務のほか，Ｊ－SOX導入支援を中心とした株式上場支援業務，連結決算開示支援業務，新会計基準導入支援業務，IFRS導入支援業務等のさまざまなコンサルティング業務にも従事している。
著書（いずれも共著）に『設例でわかる　キャッシュ・フロー計算書のつくり方Q&A』（中央経済社），『連結子会社の決算マニュアル』（中央経済社）がある。

【レビュー協力】

平川　浩光

【編集協力】

大神田　篤史

連結精算表から理解する連結会計入門

2020年9月10日　第1版第1刷発行
2024年9月25日　第1版第4刷発行

著　者　吉　田　　　剛
　　　　植　野　和　宏
発行者　山　本　　　継
発行所　㈱中　央　経　済　社
発売元　㈱中央経済グループ
　　　　パ ブ リ ッ シ ン グ

〒101-0051　東京都千代田区神田神保町1-35
電話 03（3293）3371（編集代表）
　　 03（3293）3381（営業代表）
https://www.chuokeizai.co.jp
印刷・製本／昭和情報プロセス㈱

© 2020
Printed in Japan